山の不可思議事件簿　目次

第1章　奇妙な現象

ヤマケイ文庫

山の不可思議事件簿

Kamimura Shintaro 上村信太郎

Yamakei Library

第2章　恐怖と神秘

第3章　伝説と怪談

第4章　謎の生きもの

第1章　奇妙な現象

地球上には、まだ解明されていない奇妙な現象がいっぱいあるが、そのなかで、山にまつわる奇妙な現象は一般にあまり多く知られていないと思う。

この第1章では、山の怪現象、山の不思議、山の謎、山での奇跡について取り上げた。

「山での怪現象」―よく知られているブロッケンの妖怪はここで取り上げた。

「山の不思議」―山の頂上に登ることをめざすのは、人間だけではなかった。アフリカの最高峰キリマンジャロの頂ではミイラになったヒョウが発見され、南極の内陸高地には海岸にいるべきアザラシの8000年前の遺骸が残されている。

これらの事実は、何を物語っているのだろうか。

「山の謎」―たとえば、富士山は誰でもよく知っている山だが、では初登頂者は誰かというと、明確に答えられる人はいない。なぜなら、いつ、誰が最初に登ったのか、実はわかっていないからだ。そこで、この謎にも迫ってみた。

また、山の遭難で、よく新聞の見出しに「奇跡の生還」という言葉が用いられる。この「奇跡」とは何かについて、この第1章で取り上げた。

山の怪現象

マッターホルンで目撃された幻影

スイスとイタリアの国境にそびえる標高4478メートルの名峰マッターホルンは、その美しさが世界中に知られているが、アルプス登山の黄金期といわれた19世紀、マッターホルンは難攻不落を誇って最後まで登頂を拒みつづけていた。

1865年(慶応1)7月。すでに8回もマッターホルンに挑んで失敗していたイギリスの登山家エドワード・ウィンパーは、新たに編成した登山隊で9回目のマッターホルンに挑戦しようとしていた。メンバーはシャモニーの名ガイドであるミッシェル・クロ、フランシス・ダグラス卿、ハドソン、ハドウ、ペーター・タウグワルダー親子だ。

ウィンパー一行がツェルマット(スイス)のホテル「モンテ・ローザ」を出発した、

ちょうどその頃、反対側のイタリア側からジャン・アントワヌ・カレルら一行もマッターホルン登頂一番乗りをめざして出発したところだった。栄光の初登頂をめざして、イギリス人とイタリア人の競争になっていた。

ウィンパー一行は、途中で一晩ビバーク（露営）した後、7月14日、ついにマッターホルンの頂上を踏みしめた。イタリア側を俯瞰すると、カレル一行が登ってくるのが小さく見えた。

ウィンパー一行は競争に勝利をおさめた。だが、下降中に悲劇が起きた。

午後3時、ミッシェル・クロを先頭に、全員がザイルで数珠《じゅず》つなぎになって下っているとき、ハドウが滑落、クロが引き込まれ、ハドソン、ダグラス卿が次々と転落。結び合っていたザイルがダグラス卿とタウグワルダー親子とのあいだでプッツリ切れた。4人はアッという間に2000メートルもの奈落の底へ墜ちていった。

この一瞬の出来事に、助かったウィンパーとタウグワルダー親子は呆然として、しばらく動けなくなってしまった。

やがて3人は気をとりなおして慎重に下降をつづけ、前夜ビバークした地点まで下りた。

そしてこのとき、3人はリスカム（標高4527メートル）の上空に現われた巨大な幻影を目撃した。

ウィンパーはこのときの様子を『アルプス登攀記』のなかで次のように書いている。

〈午後6時、（略）下山の準備にかかっていると、リスカムの上に空高く、非常に大きなアーチの形が現われてきた。色もなく、音もなく、かすかではあったが、しかし雲に隠された部分を除けば、その形ははっきりしていた。（略）見ているうちに大きな十字架が、二つ並んで静かに現われてきた。私たちは呆然として眺めていた。殆《ほと》んど肝をつぶさんばかりであった。もしタウグワルダー親子が、最初にこれを見つけたのでなかったら、私は自分の感覚を疑ったことであろう。（略）しかし私たちが動いても、その幻影にはなんの変化も起こらなかった〉（浦松佐美太郎・訳）

最後の、ウィンパーたちが動いても幻影に変化が見られなかったことは、ブロッケンではないことを示している。ヨーロッパの近代登山は〝科学の目〟と〝スポーツ的行為〟から発展したため、妖怪や幽霊は否定されてきた。

だが、ウィンパーらの見た幻影の謎については、現在も解明されていない。

ちなみに今年は、マッターホルン初登頂から155年目にあたる。

消えた4階建て宿舎の怪

１９３８年（昭和13）12月。富山県の黒部川の上流志合谷《しあい》で、日本電力（当時）の黒部川第三発電所建設にともなうトンネル工事が進められていた。トンネル内の岩盤から熱水が噴出するなかでの工事は難渋を極めていた。気温も下がり雪が降りつづく27日の深夜。突如、ドドドーンと物凄い爆発音が峡谷に響いた。

「なんだ、あの音は？」

深夜の作業にあたっていた作業員たちは慌ててトンネルの出口に走り、呆然として声をのんだ。なんと、目の前にあるべき鉄筋コンクリート造りの作業員宿舎の木造の3階、4階部分が、あとかたもなく消えていたのだ。宿舎には１００人近くの人たちが眠っていた。

頑丈なはずの宿舎がそっくり消えてなくなるなど、誰が想像するだろうか。だが、宿舎のあった場所は一面の雪野原になっていた。すさまじい雪崩《なだれ》が宿舎を押し潰したのは疑いなかった。夜明けを待って救出作業が開始される一方で、あまりにも宿舎がキレイさっぱり消失したことから、雪崩説に疑問を抱く者もいた。いちばん雪崩が発生しにくい深夜に起きたことや、大きな爆発音が聞こえたことから、何者かによって

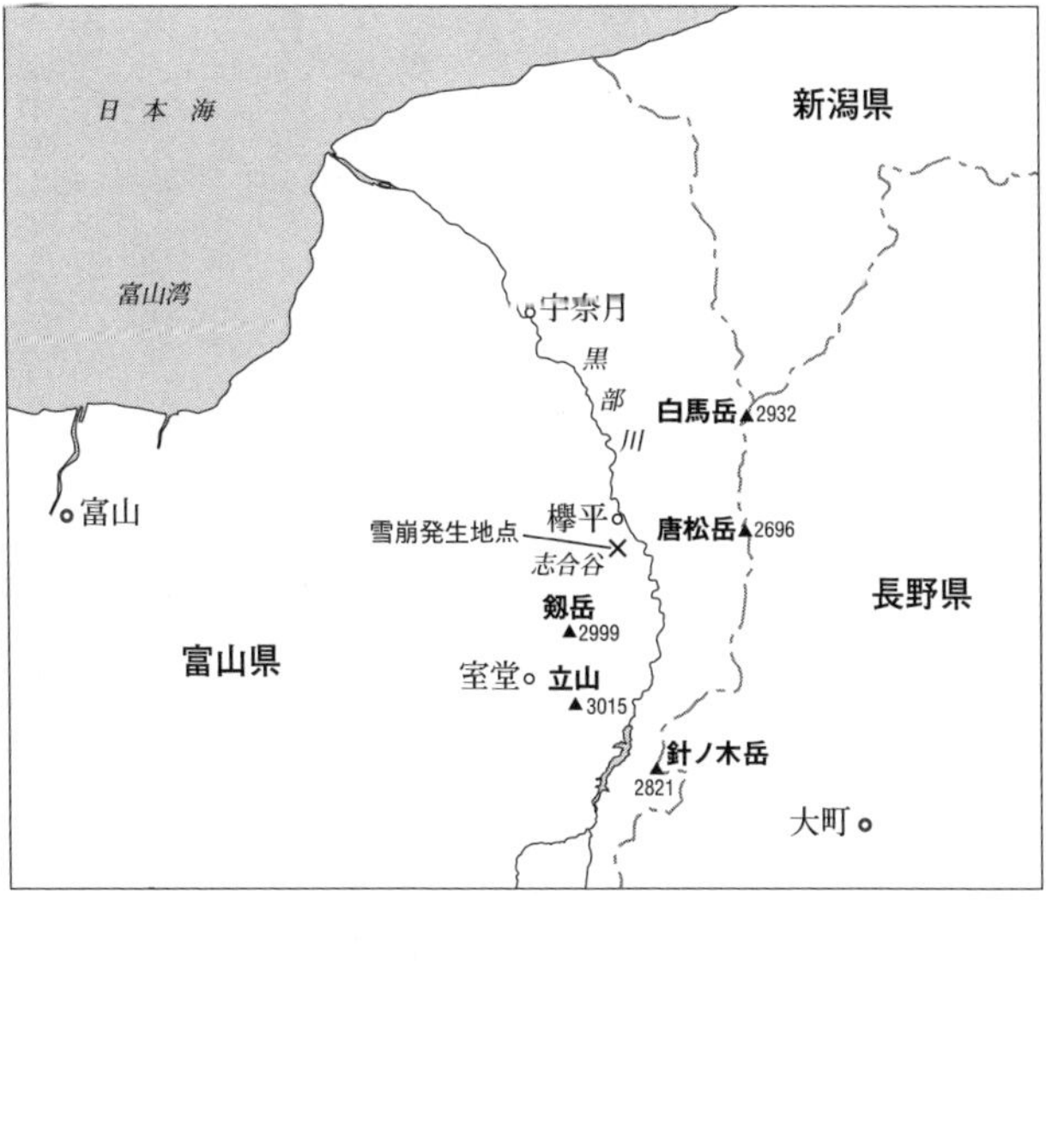
日本海
富山湾
新潟県
宇奈月
黒部川
白馬岳
2932
富山
欅平
雪崩発生地点
志合谷
唐松岳
2696
劔岳
2999
長野県
富山県
室堂
立山
3015
針ノ木岳
2821
大町

大量のダイナマイトが仕掛けられたとも考えられた。ただちにダイナマイトの在庫を調べたが、1本も紛失していなかった。

救出作業は300人の応援も加わり、工事を中止して全力で行なわれた。2人の遺体が見つかっただけで3日、4日と経っても、他の遺体は発見されなかった。

年が明け、正月休みを返上して捜索はつづけられたが、依然、遺体は出てこなかった。2月に入っても新たな遺体は見つからず、捜索範囲は下流へと拡げられたが同じだった。この頃になると、捜索する人たちもキツネにつままれた気持ちになっていた。

事故から3ヵ月後、ついに84名の遺体と宿舎の残骸が意外な場所で発見された。そこは宿舎が建っていた志合谷とは尾根を隔てた別の谷だった。宿舎は、中に眠っていた100人近い人間もろとも巨大な力で地上からむしりとられ、空中を水平に600メートルも吹き飛ばされて、山の尾根を越えて奥鐘山《おくがねやま》の岩壁に叩きつけられたことになる。

自然は時として人間の想像をはるかに超えた営みを見せるが、宿舎をオモチャのように運んだ怪物の正体はいったい何だったのか。

気象専門家は、雪崩の一種の「ホウ雪崩」に違いないと断定した。ホウ雪崩というのは、急峻な氷盤上に新雪が積もったときに起こるもっとも恐ろしい雪崩で、新雪の粒と粒のあいだの空気が急激に圧縮され、障害物に激突すると、その圧縮された空気が1平方メートルあたり20～30トンもの圧力で大爆発を起こし、爆風は音速の3倍の速度で飛び出すとされている。そしてこの雪崩は、気温が低下する深夜でも発生するという。

なお、黒部では、志合谷の出来事から2年後の1月、阿曾原谷の作業員宿舎が、やはりホウ雪崩に直撃され、多数の犠牲者が出ている。

テントに近づいてくる謎の靴音

穂高連峰や谷川岳の岩壁に数多くの初登攀記録を持つ登山家の古川純一さんは、冬の谷川岳で雪の夜、テントに近づいてくる謎の靴音を聞いた体験を、著書『いのちの山』のなかで書いている。

1957年（昭和32）3月23日。古川さんは山岳会の仲間2人と、当時、冬季はまだ未踏だった谷川岳二ノ沢の岩壁を狙って、一ノ倉沢出合《であい》の広場にテントを張った。

この日は小雪が降っていたのでアタックを中止し、夜の10時半頃に寝た。仲間2人はすでによく眠っていた。古川さんは寝つけずウトウトしていると、遠くからテントに向かって誰かが歩いてくるギュッ、ギュッ、ギュッと粉雪を踏みしめる音が近づいてきた。風はなくシーンと静まり返ったなかに、足音がなおも近づいてくる。10メートル、5メートル、3メートル、2メートル、1メートル……。

足音は、テントの前でピタッと止まった。

古川さんは真っ暗なテントのなかでギョッとして、ヘッドランプを手さぐりで捜し、「誰だっ?」と声を出した。が、返事がない。誰かが遭難でもしてテントにたどり着いたのかもしれないと思った古川さんは、すばやくテントの入口を開いて外を照らしたが、誰もいない。テントから首を出してあたりを照らしてみるが、足跡もない。近くに張られた他の山岳会のテントも真っ暗で、物音ひとつしない。古川さんは釈然としないままテントの入口を閉め、シュラフ(寝袋)に潜り込んだ。

横になって20分くらいすると、また遠くのほうからテントに近づいてくるギュッ、ギュッ、ギュッ、という足音がハッキリ聞こえてきた。そして、前と同じようにテントの前で音が止んだ。今度こそ誰かがやってきたのかと、ガバッと起き上がってヘッドランプをつけ、急いで入口を開けた。

「誰だっ?」

今度も返事はなく、姿もなかった。

近くに他のテントも張られ、仲間2人も同じテントにいたが、2人は眠っていたので音は聞いていない。

古川さんは著書のなかで、

〈谷川岳には多くの遭難があり身元不明のままのケースも少なくない。そういう遺体を自分は埋葬したり「無縁遭難者の墓」を建てたことがあるので、そういう犠牲者たちの霊魂がやってきたのだろうか、それとも錯覚だったのだろうか〉

と書いている。

筆者もずっと昔になるが同じような体験をしている。ある年の冬の八ヶ岳合宿でたまたまテントのなかにひとりでいるときだった。風もなく、何かがこすれているのとは違う音だった。はじめは小さく、だんだん大きい音になって、ピタッと止んでしまう。人間が雪を踏みしめるときとそっくりの音だった。

読者の皆さんは、この正体はいったい何だと思われるだろう……？

いつのまにか移動した山小屋

磐梯朝日国立公園の夏スキーで知られる月山《がっさん》（標高1984メートル）のスキー場

にある山小屋が、無人にしていた冬のあいだに50メートル以上もそっくり移動していた、という記事が、1991年（平成3）4月4日の「朝日新聞」に載った。

移動した山小屋はスキー客や登山者の宿泊施設として年間6000人が利用する姥《うば》沢《さわ》小屋の旧館で、木造2階建て、広さは200平方メートル。

標高1200メートル。冬季の積雪は十数メートルに達するため、11月から3月半ばまで無人にしている。小屋の移動は、この無人のあいだに起きた。

2月14日。ふもと近くの民宿経営者らが小屋の見回りに行って異変に気づいた。あるべき旧館が影も形もなくなっていた。翌日、小屋を経営している月山観光開発の社員や建築業者ら約20人が現地を調べたところ、南東に50メートル以上離れた雪のなかに旧館がそのままの形で埋まっているのが発見された。山形地方気象台は「雪崩でも竜巻でも小屋を移動させる可能性はある」としながらも、「結局原因はわからないまま」と記事は結んでいる。

雪崩や竜巻で山小屋を動かすことはできるかもしれないが、その場合は小屋がメチャメチャに破壊されてしまうに違いない。むしろ突風の可能性が高いかもしれない。

突風なら事例がある。1976年（昭和51）11月23日。午前2時半頃、冬山の新人訓練で富士山五合目にテントを張っていた長野県の「中野勤労者山の会」の小林利一リーダーら7人が、猛烈な突風に遭って、テントごと空中に吹き上げられて約20メートル下の岩場に落下するという事故が起きた。テントのなかにいた7人は山梨県警富士吉田署員らに救助されたが、1人が首の骨を折り、もう1人が肋骨を折る重傷、他の4人もケガを負っている。

姥沢小屋の旧館もこのように突風に吹き上げられて移動したと考えられなくもないが、テントとは比べものにならない大きさの山小屋が、舞い上がって破壊もされずに軟着陸できたとも思えない。誰もいない冬の月山で、いったいどんな超常現象が山小屋を移動させたのだろうか。

ブロッケンの妖怪とセントエルモの火

山に登ったとき、太陽を背に受け、前方に雲や霧があるとき、円形の虹と、円のなかに登山者の姿がシルエットになって現われることがある。

これがブロッケン現象で、「ブロッケンの妖怪」とも呼ばれている。ドイツ中部のハルツ山脈のブロッケン山（標高1142メートル）に頻繁に現われることから命名されたものだ。この山は、ゲーテの戯曲『ファウスト』の場面にも出てくる霊山。

「魔女が集まる山」といわれている。

日本でも昔からブロッケン現象はよく見られていたらしく、信仰の対象として、極楽浄土から阿弥陀《あみだ》如来がきたとされていた。これを「御来迎」と言っていたのが変じて、現在では日の出を「御来光」と言うようになったという説もある。

〝ブロッケンの妖怪〟の正体は虹だが、山では正体不明の〝怪火〟もよく目撃されている。「ヒト玉」や「天狗火」などと呼ばれ、ユラユラと空中を漂う。この光は、物体を通り抜けたり、水中に突入したりして、昔から人々を恐怖におびえさせてきた。また、これら空中を浮遊する怪火と異なるものに「セントエルモの火」がある。古くは船乗りが海でよく目撃したことからこの名がついた。セントエルモとは、地中海の航海者たちの守護神でもある。

セントエルモの火は、暴風雨や猛吹雪、雷鳴がとどろくときなどに発生する。山の頂上や稜線で、持っている杖やピッケルの先端、頭、手の先、鼻の先、など尖った部分から青白い火花がボーッと現われ、髪の毛などは1本残らず逆立つが、熱は感じない。

日本では富士山、筑波《つくば》山（標高877メートル）、伊吹山（標高1377メートル）などが特に有名で、冬の荒天時に多く現われるとされている。

山奥から響いてくる奇怪な音

主に山のなかで生活する人たち、キコリや炭焼きが昔からよく聞く奇怪な音に「天狗倒し」とか「天狗コロバシ」というのがある。

静まり返った深夜、遠くでノコギリやオノを用いて木を伐る音が響き、耳をすましていると、ズズズッ、ズズズッと葉ズレの音とともに、ドッシーンと地響きを立てて木が倒れる音がする。その音が徐々に近づいてきて、小屋の前まで来ると、なぜかピタッと止んでしまう。

何事が起きたかと、翌朝になって音がした場所に行って調べてみるが、何ひとつ変わったことがない。これが「天狗倒し」と呼ばれている怪音だ。八甲田山や朝日連峰などでもよく聞かれ、登山者も聞いている。

高知県の長岡郡では、はじめに騒がしい人声が山中に響き渡り、やがてバリバリッ、ドシンと大木が倒れる音がする。東北地方では、雪解けの季節になると「雪おろし」と呼ばれる雪崩音が山中に響くが、「天狗倒し」とは区別されている。

「天狗倒し」や「天狗コロバシ」の呼び名は地域によって、山形では「天狗ガエシ」、岐阜では「天狗さんの遊び仕事」、岩手では「天狗ナメシ」などと異なっているが、昔の人は山奥には天狗が棲《す》んでいると信じていたので、山中で起こる不思議な現象はみんな天狗の仕業に違いないと考えたのだろう。地鳴りや、登山者のテントに近づいてくる正体不明の足音とも異なることから、山のなかで伐った木の下敷きになって死んだ人の怨霊が発する音ともいわれている。だが、今も本当のところはわかっていない。

この、山奥から響いてくる奇怪な音は日本だけの現象ではない。アメリカのコネチカット州イースト・ハツダムという地方では、大砲を発射するような音が数十秒おきに聞こえるという。この地方のことを、地元のインディアンは「音がする土地」と呼んでいたそうだから、白人が移住する以前から音がしていたことがわかる。

また、中部メキシコの高原地帯では、ピシャリ、という雷鳴に似た音が聞こえるという。このほかにも世界各地の山や高原、渓谷などで奇怪な音が報告されているという。

奇怪な音の正体がわからないだけに、山奥でひとりだけでいるとき、静まり返った深夜に聞く「天狗倒し」にはさだめし肝を潰すことであろう。

山の不思議

女神の山で女神になったアメリカ人女性

山の世界にはまるで作り話のような不思議な話がある。だが、この山の場合はあまりにも悲しい結末を迎えてしまうのだが……。

1936年（昭和11）8月、ガルワール・ヒマラヤの最高峰ナンダ・デビィ（標高7816メートル）がアメリカ・イギリス合同登山隊によって初登頂された。ナンダ・デビィの名は、サンスクリット語で「祝福された女神の山」の意。この登山隊には、後に出てくるアメリカ人のアダムス・カーターが加わっていた。

1949年（昭和24）。アメリカ人登山家のウィリアム・F・アンソルドがヒマラヤのニルカンタ（標高6596メートル）に遠征した。登頂はならなかったが、このとき遠くに見えたナンダ・デビィ峰の美しさに感銘を受けて、将来、娘をもつことができたら「ナンダ・デビィ」という名前にしようと心に決めた。その後アンソルドは結婚し、アン夫人とのあいだに娘が生まれ、ナンダ・デビィと名付けられた。

アンソルドは娘が9歳のときに、N・G・ディーレンファース隊長率いるエベレスト登山隊に参加し、下山後に凍傷で9本の足指を失うという苦闘の末、エベレスト西稜からの初登頂という偉業を達成している。

ナンダ・デビィ嬢は成長するにつれて、父親のアンソルドに似て自然や山に興味を示すようになった。やがて彼女はワシントンのスミソニアン学術協会の委託を受け、虎の絶滅防止計画のためネパールに滞在、ネパール語も覚えた。

この頃、ナンダ・デビィ峰登頂40周年記念登山の計画が、初登頂隊に参加したアダムス・カーターらを中心に持ちあがった。登山隊の隊長は、カーターとナンダ・デビィ嬢の父アンソルドがつとめることになった。

むろん、ナンダ・デビィ嬢の参加に誰も異存はなかった。

彼女は当然のことながら、幼い頃からずっとナンダ・デビィ峰に特別の憧憬《しょうけい》を抱いていた。そしていつか父親と一緒にナンダ・デビィの頂上に立ちたいと思っていた。

1976年（昭和51）7月、インドのニューデリーに集結したアメリカ登山隊の隊員たちは錚々《そうそう》たる顔ぶれだった。カーター隊長とアンソルド父娘。ルイス・ライヒアルト博士、ジョン・ロスケリー、ジョン・エバンス、ジェームス・ステーツ博士、ピーター・レブ、マーティ・ホウイ、エリオット・フィッシャー、アンドリュー・ハーバード、インド側からクマール大尉とニルマル・シン隊員が加わった。

キャラバンの後、標高4400メートルのお花畑にベースキャンプが設営された。そこからいよいよ本格的な登山がはじまる。登山隊の目標は40年前とは別のバリエーション・ルートがとられ、難しい岩壁の登攀が開始された。

ポーターたちは登山隊に加わっているナンダ・デビィ嬢を、不思議な存在に感じているらしかった。なぜなら、女神の山と同じ名前で、しかも彼女だけがポーターたちの言葉を話すことができたからだ。

やがて、登山隊のルート工作も進み、登頂も時間の問題となった8月13日から、100年ぶりという激しい嵐が一帯を襲った。まるで神の怒りであるかのようなすさまじい嵐に、隊員たちはテントのなかから一歩も出ることができなかった。やがて嵐も止み、9月1日。とうとうジョン・ロスケリー隊員ら3人が、頂上に立った。初登頂の40周年記念日に遅れること、3日目だった。

2日後、第二次アタック隊が編成され、3隊員が固定ロープをたどって第4キャンプまで登った。3人のなかには、高山病の影響で体調を崩していたナンダ・デビィ嬢も入っていた。

翌日から3日間、嵐がつづいた。8日にアンソルドがひとりで第4キャンプに登っていった。娘の容態が心配なのと、できたら父娘同時登頂を達成したかったためだった。

しかし第4キャンプに到着したアンソルドは、衰弱した娘と対面して会話をかわし、一刻も早く下山させなければならないと悟った。アンソルドが荷造りのためテントの外に出て戻ると、彼女の容態が急変していた。そして手当ての甲斐《かい》もなく、わずか10分後に息を引きとってしまった。

ナンダ・デビィ嬢はこうして彼女と同じ名の山で、22年間の短すぎる生涯を終え、永遠の眠りについた。遺体はナンダ・デビィ峰の雪の下に葬られた。

なによりも愛した山で娘を失ったアンソルドの悲しみは察するにあまりあるが、運命はあまりにも非情だった。

そして、ワシントン州のエバグリーン・カレッジで比較宗教学の教授をしていたアンソルドは、愛嬢を失ってから3年後の3月4日、ワシントン州にあるレーニア山（標高4392メートル）で、カレッジの学生たちと一緒に雪崩に呑み込まれて帰らぬ人になってしまった。享年52。アンソルドにとっても短すぎる生涯だった。

ガルワール・ヒマラヤの秀麗な峰々

頂上をめざす動物たちの怪

アーネスト・ヘミングウェイの短編小説に『キリマンジャロの雪』がある。その冒頭は、

〈キリマンジャロは、雪に覆われた高さ5895メートルのアフリカの最高峰といわれる。西側の頂はマサイ語で「神の家」と呼ばれている。この西方の頂に近く、ミイラ化して凍りついた一頭の豹《ひょう》の死体が横たわっている。こんな高所に豹が何を求めてやってきたのか説明できる者はいない〉（谷口睦男・訳）

となっている。

このヒョウの部分は事実で、イギリスの氷河研究の権威ジョン・チンダル博士の著書にも出ていて、レオポルド・ポイント（ヒョウの岩峰）に、ミイラになったヒョウの姿の写真が載っている。ヘミングウェイが書いているように、密林やサバンナにいるべきヒョウが、何を求めてキリマンジャロの頂上に登ったのか、現在でも謎のままだ。

また、1997年（平成9）8月にケニアのケニア山（標高5199メートル）の氷河が溶けてヒョウの遺骸が露出したことがある。

これらアフリカのヒョウによく似たケースが南極大陸にもある。ロス海の棚氷から西へ60キロ以上も内陸部の、しかも標高1000メートルの峡谷で、ミイラになったアザラシがいくつも見つかっている。この峡谷はロイヤル・ソサエティ山脈の、不思議なことに雪も氷も緑もない、荒涼とした、通称「乾いた谷」。南極点到達一番乗りをアムンゼンと競ったイギリスのスコットたちが最初に発見している。

1976年（昭和51）、イタリアの登山家でジャーナリストのワルテル・ボナッティがこの「乾いた谷」を探検したときに、標高1000メートル以上の場所でミイラになったアザラシを見ている。全部で20頭見つけたが、1頭ずつ離れて横たわっていた。調査した結果、古いものは8000年も経っていることが判明。なかには、すぐ前にそそり立つ登攀不可能な斜面に向かって、体を伸ばしているミイラもあったという。

海から遠く離れた高地、荒涼として何もない「乾いた谷」に、アザラシたちは何のためにやってきたのだろうか。キリマンジャロのヒョウのミイラと同様、謎は深まるばかりだ。ちなみにアザラシは漢字で「海豹」と書く。

また、ミイラとはちがうが、エベレストに遠征した日本の登山隊が、標高6200

メートルの雪の稜線でユキヒョウを発見してカメラにおさめた。絶滅が心配されているヒマラヤのユキヒョウが、なぜ餌もない、まわりの山々の頂上に匹敵する高所にまで、何のために登っていたのか、専門家も首をひねっている。

一方、1984年（昭和59）秋、驚くべきニュースが流された。なんと、エベレストの頂上に何者かの足跡が残されているのが発見されたのだ。チベット側からチョモランマ（エベレストのチベット名）に挑戦していたオーストラリアの登山隊（隊長ジョフ・バトラム）のティム・マッカートニー・スネイプ隊員とグレッグ・モーティマー隊員の2人が10月3日、頂上に立ったとき、そこに真新しい何者かの足跡を発見した。はじめは反対側のネパールから登った他の登山隊の足跡かと思ったが、このシーズンの登頂者は自分たちが最初だったことに気づき、雪男説が浮上した。

この話が伝わると、登山隊の本国オーストラリアの新聞は「エベレスト山頂に雪男の足跡!?」などと書きたてて大騒ぎになったそうだが、足跡の正体は結局、わからずじまいになった。

ヒョウやアザラシばかりでなく、正体不明の動物までがなぜ頂上をめざすのだろうか……。

朝日連峰の不可思議な遭難

1940年（昭和15）の冬、山形県と新潟県にまたがる朝日連峰（最高峰大朝日岳標高1870メートル）で不可思議な遭難事件が起きた。

1月5日朝、N登高会のMさん、Oさん、地元のガイドUさんの3人は、朝日鉱泉を出発して鳥原山《とりはら》（標高1430メートル）をめざした。天気はミゾレ混じりだったがそれほど悪くはなかった。

鳥原山は大朝日岳の支峰で、鳥原山直下に鳥原小屋がある。3人は鳥原小屋を起点にあちこちの峰に登る予定だった。鳥原山へ登るには、途中の小山（標高993メートル）を越えていかなければならない。この小山を越えるために3人は、地元のガイド1人をポーターに雇った。このガイドは小山の手前で引き返し、昼頃に朝日鉱泉に帰った。

翌日は快晴。3人は小屋に荷物を置いて近くのピークを登ったものと思われていた。7日午後より吹雪。8日も終日風雪。9日も激しい吹雪。

10日、風雪がおさまり、午後から晴れ間ものぞいた。7日目の11日、2〜3日の予定で出発した3人が下山してこないので、朝日鉱泉の関係者4人が激しい風雪をついて鳥原小屋に登ってみた。小屋は外からカギがかかっており、開けて中に入ってみると、誰もいないばかりか、3人が滞在した形跡もなかった。

1月16日。山岳会などの関係者13人が東京からかけつけて捜索。鳥原小屋まで登ってみたが手がかりはなく、引きあげるほかなかった。

4月27日に第2回目の大がかりな捜索を行なってみたが、これも徒労に終わった。

3人の遺体が意外な場所から捜索隊によって発見されたのは、雪も消えた5月22日になってからだった。遺体は鳥原小屋からわずか300メートル手前の登山道で見つかった。

そこは、捜索隊が何度も往復した傾斜約15度の緩斜面だった。

Uさんは仰向けになって、頭を斜面の下に、足を斜面の上に向けており、Oさんはそれとは逆の姿勢で、頭をUさんの足に乗せて重なり合うように倒れていた。Mさんは2人の約3メートル上方に、斜面を這いあがる格好で倒れていた。重なり合った2人はカンジキを着用。Mさんはスキー靴をはいていた。近くからスキーやリュックも出てきた。

この遭難はいったいなぜ起きたのか、関係者にも解明できなかった。遺体が発見された場所は傾斜のゆるい広い尾根上で、雪崩が発生したとは考えられず、しかも3人は登山経験も豊富で、1月5日はひどい天候ではなかったことなどから、さまざまな憶測がされた。

3人が食べたものに毒薬が入っていたとか、1人が自殺を企てて仲間を道連れにした、またはUさんとOさんが重なり合って死んでいたことから、1人が突如精神に異常をきたして暴れだし、争っているうちに疲れ果てて凍死した、などと推理されたが、真相はわからない。

自然は、ときどき人間の想像をはるかに超えた不可思議な現象を生み出すことがある。冬の朝日連峰で、いったいどんな現象が3人の命を奪ったのだろうか。

リングワンデルングの恐怖

1923年（大正12）1月、厳冬の北アルプス立山松尾峠で日本登山史上に有名な遭難事件が起きた。松尾峠は、立山連峰の立山温泉と弥陀《みだ》ヶ原とのあいだにある峠。遭難者は、当時国内でトップクラスの登山歴を持つ慶応大学山岳部OBの槇有恒《まきありつね》さん、三田幸夫さん、学習院大学山岳部OBの板倉勝宣《かつのぶ》さんの3人パーティによるスキー登山だった。

16日、前日から10人の案内人と別行動をとっていた。一ノ越をめざすも、吹雪が激しくなったので途中から引き返し、松尾峠まで戻った。ここで、体調を崩していた板倉さんが動けなくなってしまった。夜7時頃、三田さんが救援を求めに立山温泉に下った。立山温泉までは片道2時間の距離だった。槇さんは、板倉さんを介抱しながら救援隊を待っていたが、夜半過ぎに、板倉さんは息を引きとった。

救援隊の到着が遅すぎると判断した槇さんは、もしや三田さんまで途中で動けなくなったのでは、と夜明け前に下ることにした。

槇さんが下りていくと、立山温泉まで30分の樹林のなかで、フラフラしている三田さんを見つけた。三田さんは、激しい吹雪のなかを一晩中歩きつづけたが、立山温泉が見つからなかったばかりか、幻覚も見ていたのだ。ある人影が現われて先導したり、高いレンガ塀に取り囲まれたり、断崖に片方のスキーが引っかかったまま宙吊りになったりもしたらしい。そしてもはやこれ以上前進できないから、死ぬしかない、との遺書までしたためていた。

この遭難は、改めて冬山の厳しさ、リングワンデルング（輪形彷徨《ほうこう》）の恐ろしさを示すものとして、当時の登山界に衝撃を与えた。リングワンデルングというのは、暗闇のなかや、視界ゼロの濃い霧のなかなどの平坦地で、人間は正しく進むことができず、いつしか同じところをグルグル歩き回ることをいう。

三田さんの場合も、平坦な樹林帯に下りてからリングワンデルングに陥ってしまったことがわかる。

また、日本山岳会会員の船木匡さんも鳥取県の大山《だいせん》（標高1729メートル）で、冬、リングワンデルングであやうく遭難するところだった、と雑誌『岳人』345号に書いている。

実は筆者も、リングワンデルングを20代の頃に体験している。当時所属していた山岳会の仲間と穂高屏風《びょうぶ》岩東壁を登攀後、岩小屋から横尾小屋に行くまでのわずかな樹林帯で、土砂降りの氷雨のなか、真っ暗闇のなかをいつまで歩いても同じような地形が現われるので不審に思い、仲間の1人に立ち止まってもらい、ヘッドランプを照らして直進してみた。すると、まっすぐ進んでいるつもりが、実際には大きく左斜め方向に進んでいることを指摘され、ああ、これがリングワンデルングなのかと実感したものだった。

ヒマラヤに消えた記憶

ヒマラヤの高峰で登山中、突然倒れて意識を失い、次元の異なる世界を1ヵ月間もさまよい、その間の記憶がポッカリ消失するという不思議な体験をした日本の登山家がいる。

1965年（昭和40）春、ネパール・ヒマラヤの当時未踏の最高峰だったローツェ・シャール（標高8398メートル）に、早稲田大学登山隊が遠征したときだ。

2ヵ月間にわたる登山活動中、上部のキャンプで転落事故が発生。負傷した隊員の救助にあたった村井葵隊員は、6350メートルの第2キャンプまで下りた4月29日の深夜、突然意識を失って倒れた。村井隊員は、小便をしてから眠ろうと、テントのなかで立ち上がろうとして、脳に鈍いショックを受け、ビーンというような音を聞きながら暗黒の世界に沈んでいった。

朝になって、仲間がテントのなかに倒れている村井隊員に気づいた。人一倍元気だった村井隊員が倒れたことを、仲間たちは不思議に思った。上部キャンプから第2キャンプに下りてきたのだから、もし高山病だったとしたら、むしろ治るのが普通だからだ。仲間が頬を叩いても反応がなく、ウツロな目をしているかと思うと、急にテントの外へ飛び出そうとしたりした。仲間がタックルして止めなければ、氷河のクレバスに滑り落ちるところだった。

また、夜中にテントのなかでバタバタ暴れだし、懐中電灯の明かりに照らし出され、「どうした?」と聞いても何も答えなかった。が、30分後になって意味不明の叫び声をあげて仲間をびっくりさせたりもした。

登山隊付きの医師は、夢と現実の区別がつかない一種の精神錯乱だろう、という診断を下すほかなかった。

5月1日になり、付き添っていた吉川隊長が、アマダブラム(標高6856メートル)を指さして「あれはわかるかね?」と尋ねると、地図でしか見たことがない「天山山脈」だと答えたりした。衰弱はひどかったが、食事はとり、ときどき意味不明の言葉を発しつづけた。

5月22日。登山隊は登頂に失敗して全員がベースキャンプに下りた。この日初めて、村井隊員がまともな言葉を一言しゃべった。仲間たちはビックリして喜んだが、本人はキョトンとしていた。

帰りのキャラバンは、ポーターの背に揺られて運ばれた。途中、村井隊員は「自分はいま、東京湾にいる」と口走ったり、「船に乗るから早く切符を買わなきゃ……」

などと言って仲間を驚かせた。

帰国後、村井隊員は2ヵ月間入院してから、ようやく歩けるまでに回復できた。が、第2キャンプで倒れてからの1ヵ月間の記憶は、ポッカリあいた空洞のように消失していた。

その後、自らの不思議な体験の原因を追求して一応の結論を出し、『幻想のヒマラヤ』と題する著書を著し、そのなかで、記憶消失の原因を、

〈高所における酸素不足から、身体がアルカリから酸性に急激に傾斜し、高所で行なった無理な行動での酸素負債が低所に下りてからも消化しきれず、睡眠中枢の限界を越えて機能がマヒしてしまったから……〉

と書いている。

ヒマラヤ登山で高山病になる人は多いが、このように記憶が消失した例はほかにない。高山病がまだ完全に解明されていない、ひとつの例ということができる。

二ヵ国語を理解した名登山犬

19世紀のヨーロッパには、登山家もびっくりする優秀な登山犬がいた。犬の名前は、

チンゲル。飼い主は1850年（嘉永3）生まれのアメリカ人、ウィリアム・オーガスタス・ブレボート・クーリッジだ。

クーリッジは、小さい頃から病弱であったが、イギリスに移住し、父親が亡くなり母親も病床についてしまうと、登山家で叔母のミータ・ブレボートの影響を受けて登山をはじめた。1868年（明治1）、クーリッジと叔母はスイス人ガイドのクリスチャン・アルマーと出会い、以後、この3人は一緒に登るようになる。アルマーは、それまでにアルプスの高峰を数多く登攀していた名ガイドだった。

7月、クーリッジたち3人はヴェッターホルン（標高3701メートル）を登り、その後アイガー（標高3970メートル）に挑んだ。だが氷壁の状態が悪く、惜しくもアタックは断念した。落胆した18歳のクーリッジを励まそうと、ガイドのアルマーは、3年前に10フランで買った雌犬のチンゲルをプレゼントしたのだ。

クーリッジは特に犬好きというわけではなかったが、チンゲルがすぐ好きになった。この犬はドイツ語と英語を理解し、赤ワインと紅茶が大好物で、すでにいくつもの山の登頂を経験していた。

こうして、チンゲルは、新しい主人になったクーリッジと数多くの輝かしい登頂を開始した。ブリュムリザプホルン（標高3664メートル）、バルムホルン（標高3

701メートル）、アレッチホルン（標高4195メートル）、グロース・ネストホルン（標高3820メートル）などの峰々を征服した。

1871年（明治4）7月にはベルナーオーバーランド山群のユングフラウ（標高4158メートル）に登り、翌年はフィンシュテラールホルン（標高4274メートル）、ブロース・ドルデンホルン（標高3647メートル）、ハスレ・ユングフラウ（標高3305メートル）、ブライトホルン（標高4165メートル）、モンテ・ローザ（標高4609メートル）などに登頂。

その4年後、フスヘルナー（標高3628メートル）を登ったのち、名犬チンゲルはそれまでの活発な登山活動を終えて引退した。

1879年（明治12）、チンゲルは衰えて完全な盲目になっていた。哀れんだクーリッジは早く楽にさせてやりたい気持ちから、自らの手でチンゲルを殺そうと決心した。

するとそのとき、チンゲルはテレパシーで主人の意図を察したかのように、静かに永遠の眠りについた。

チンゲルの死後もクーリッジは登山をつづけ、のちにスイスのグリンデルワルドに移り住んだが、生涯独身だったクーリッジは寂しい晩年を送ったといわれる。

山の謎

富士山初登頂の謎

富士山は、日本一の山である。

3776メートルという標高も、山容の大きさも、八面玲瓏《れいろう》の美しさも、毎年数万人もの登山者が訪れることも、すべて日本一。富士山は「不二、布士、不尽、富岳《ふがく》、芙蓉《ふよう》峰、富慈、福慈岳」とも呼ばれて誰からも親しまれ、数限りなく詩歌によまれ、うたわれ、語られ、描かれ、撮影されてきた。

この山を知らない日本人はまずいない。

『日本百名山』の著者・深田久弥が、「富士山に関する文献を調べたがあまりにも多いのでサジを投げた」と述べているように、富士山の文献はあまりにも多い。

ところが、では誰が、いつ、一番最初に富士山に登ったかということになると、なぜかこれがはっきりわからない。

そればかりか、富士山の語源や、富士の神をまつる浅間《せんげん》神社の由来も、邪馬台国はどこにあったか同様、諸説ありすぎてはっきりしない。つまり、富士山は誰でもよく知っていながら、実はよくわからない謎の山ということができる。

それでも外国人による富士登山第1号と、女性による富士登山第1号は判明している。

外国人第1号は、1860年（万延1）7月の、初代イギリス公使ラザフォード・オールコック一行だった。オールコックの富士登山の目的は、1858年（安政5）に結んだ日英修好通商条約にもとづいて、日本国内をどこでも自由に旅行できる権利を行使するためで、その後の外国人富士登山ブームのさきがけにもなった。

女性による第1号は、1867年（慶応3）、第2代イギリス公使サー・ハリー・パークスと夫人の一行が9月10日登頂。それまでの富士登山は女人禁制が厳しく守られていたので、このパークス夫人が第1号と思われていたが、実はパークス夫人よりも35年も前の1832年（天保3）に、江戸の豪商の娘・高山たつという女性が、富士講の修験者小谷三志らと一緒に女性初登頂を果たしていた。

ちなみに富士講というのは、霊峰富士の神霊を崇拝する信徒団体のことで、開祖は藤原角行《かくぎょう》（俗名は長谷川左近久光）。角行は1646年（正保3）6月3日、106歳で入定《にゅうじょう》したが、それまでに富士山に登頂すること128回。お中道《ちゅうどう》巡りといって、富士中腹を一周すること33回。難行苦行を積むこと2万日と伝えられている。富士講は江戸時代がもっとも隆盛で、はじめは仙元講といった。

富士山の「フジ」の語源は諸説ある。アイヌ語の「火」を意味する「フチ」がなまって「フヂ」になったという説と、マレー語で「白」を意味する「プティ」が転化して「プチ、フヂ」になったとする説がもっとも有力とされている。

浅間神社の浅間を訓で読むと「アサマ」になる。マレー語で「アサ」は煙のこと、「マ」は母の意。したがって「アリマ」は煙の母、すなわち火山である。浅間山や阿蘇もマレー語から名付けられたらしく、富士山も浅間山と呼ばれていた可能性はある。

しかし、なぜアサマがセンゲンに変わったのか、山名と山の神の名がどうして異なるのかは不明だ。また、先に書いたように富士山の初登頂は誰が、そしていつなのかもはっきりしない。平安時代の初期に藤原兼輔が著した『聖徳太子伝暦《でんりゃく》』には、598年（推古天皇8年）に太子が黒駒に乗って空を飛び、富士山に初登頂して人々をビックリさせたと記されているが、そんなことは子供でも信じまい。

平安時代の漢学者 都 良香《みやこのよしか》が書いた『富士山記』には、

〈山を富士と名付けたのは郡の名からとられた。山には浅間の大神という神が祭られている。頂上に平地があって中央に窪み（噴火口）がある。甑《こしき》のように青い蒸気が噴出している。底の方は沸湯（沸騰）している。近くに池があり、雪は夏も消えない〉と山頂の様子まで書かれているが、誰が一番最初に登ったかは記されていない。

先の深田久弥は『世界百名山』のなかで、マルセル・クルツの『世界登頂年代記』では役《えん》ノ小角《おづぬ》を633年（舒明天皇の時代）の富士山初登頂者として記載してあることを紹介している。

奈良時代の山岳修験者の元祖・役ノ小角は、平安時代の僧景戒《きょうかい》が書いた『日本霊異記』では、

〈小角は庶民を惑わし、海上を歩き、空をとんで富士山の頂上で昼寝をした〉

などと書かれている。さらに、小角は小御岳の頂から屛風岩の西を登って八合目に達し、そこからまっすぐ富士山頂に登った、という伝説も残されている。小角が実際に多くの山々を開山（登山）したことは事実であろう。とはいえ、富士山は日本一の聖山。本当は、初登頂者の詮索などしないほうがいいのかもしれない。

富士山に最初に登った人物とは?

富士の神をまつる浅間神社

大雪山に残されたSOS文字の謎

1989年（平成1）7月24日。東京の登山者が北海道大雪山（標高2291メートル）の黒岳から旭岳に向かう途中で行方不明になり、北海道警のヘリコプターが捜索に出動して登山者は無事救助された。このとき、偶然にも救助地点から南に2〜3キロの融雪沢付近の湿地帯に「SOS」と読める大きな文字を発見した。

翌日、道警のヘリコプターがふたたびSOSの文字の現場へ飛んで調べたところ、文字はシラカバの枯木を並べて作られ、大きさは縦5メートル、横3メートルもあり、かなり古いものとわかった。そのうえ近くから遭難者とみられるバラバラになった白骨とリュックなども発見された。

7月28日も道警旭川東署は捜索員4人をヘリコプターで現場に派遣し、新たな遺留品や遺骨を見つけた。だが、現場はクマザサが茂り、近くにヒグマがいる危険もあるために充分な捜索はできなかった。またこの日、リュックのなかにあったカセットテープに録音されていた「エス・オー・エス、タスケテクレ！」などの男性の声を公開したが、家族などからの問い合わせは一件もなかった。

大雪山では、5年前の7月に、愛知県江南市の会社員岩村賢司さんが縦走の途中で消息を絶ち、下山予定日を過ぎても帰らないため、家族から捜索願いが出されていた。警察では見つかった遺留品から採取した指紋の照合を行なうことにした。

7月29日、北海道放送（HBC）の取材班がヘリコプターで現場に降り立ち、岩村さんの運転免許証やユースホステル会員証などを発見した。

これで遭難者は岩村さんと決まり、事件はすんなり解決するかに思われたが、新たな謎が生まれた。

現場に残されていた白骨を旭川医大で鑑定した結果、骨は20～40歳の女性のもので、ヒグマなど動物に食われた形跡もあることがわかったのだ。

謎は白骨だけではない。カセットテープに録音されていた男性の声や内容が不自然すぎた。筆者もテレビで公開された声を聞いたが、遭難者としての緊迫感が伝わってこなかった。

また「崖の上で身動きとれず、吊り上げてくれ」というのも、考えてみれば矛盾している。現場は窪んだ湿地帯で崖の上ではなかったし、SOSの文字を作るのはたいへんな労力を要したに違いない。「身動きとれない」はずなのだから、それだけの余力が残されていたのなら、なぜ現場からの脱出を決行しなかったのかわからない。

さらにカセットテープのなかに、遭難者ならまず加えるべき自分の名前・住所・家族へのメッセージなどがまったくないのが奇異だった。

発見された白骨が女性のものとわかったことから、岩村さんと女性の2人が現場で遭難したとの見方がされた。そして、女性の身元がわからず該当者もいないことから、犯罪にからんでいる、男性だけが逃げ出して助かった、などという憶測記事がスポーツ新聞に出たこともあった。

7月30日の現場捜索で岩村さんのノートが発見された。ノートのなかにはすべての謎の答えが記されていると思われるが、岩村さんの父親は記者会見で、「このノートが息子の心だとしたら親として抱きしめていたい。ノートは読みません」と語った。

8月4日、旭川東署は、この事件は一応解決したとして捜索の打ち切りを発表した。それから1年半後の3月1日の全国紙に、〈大雪山事件で発見された人骨は、旭川医大の鑑定結果などから行方不明になっていた愛知県の会社員岩村賢司さん（当時25）と断定した〉というベタ記事が載った。つまり人骨は女性のものではなかったのだ。だが、なんのために録音テープを残したかという謎は残ったままである。

はっきりとSOSが読み取れる。だが、いったい誰が作ったのか？
（写真提供：毎日新聞社）

ヒマラヤ登山史上最大の謎

戦前のエベレスト登山でもっとも注目を集めた登山家は、イギリスのジョージ・H・L・マロリーであろう。彼の名は、「なぜエベレストに登るのか？」と尋ねられ、「そこに山があるから……」と答えた名言でも知られている。

マロリーは、1924年（大正13）の第3次エベレスト登山隊に参加。一番若い隊員アービンと一緒に6月8日頂上に向かった。サポート役のノエル・B・オデル隊員が11時50分、頂上近くの第2ステップ付近を登っているマロリーとアービンの姿を雲間から目撃したのを最後に、消息を絶ってしまった。

なぜ遭難したのか、はたして2人は世界最高峰に登頂したのか否か、という大きな謎が残された。

9年後、イギリス山岳会は第4次エベレスト遠征を行ない、標高8000メートル付近でウィン・ハリス隊員が1本のピッケルを発見して持ち帰った。マロリーとアービンのどちらのピッケルかしばらく議論されたが、後にアービンのピッケルということになった。が、依然として2人が登頂したかどうかの謎は残った。

イギリス人のトム・ホルゼルは、マロリーとアービンの謎を長いあいだ徹底的に研究し、マロリーのエベレストにおける推定登攀速度表まで作成して、「1924年にマロリーは登頂していた」という内容の論文を1971年（昭和46）に発表した。だが、この論文では、マロリーは途中でアービンを残してひとりだけで登頂したと推理したため、ひとりだけで登頂することはマロリーの人格からしてありえないことだ、との強い反論もあった。

1980年（昭和55）から、中国は30年間閉ざしていたチベットの山々の登山を外国登山隊に開放した。先陣を切ってチョモランマ（エベレストのチベット名）に北面から挑戦したのは日本の登山隊だった。

日本隊は前年に偵察隊を派遣。偵察隊の長谷川良典登攀隊長は、中国側協力隊員の王洪宝隊員から「北東稜8100メートル地点でイギリス人の遺体を発見した」という話を聞いた。しかしその翌日、王隊員は6850メートル地点で発生した雪崩によって死亡してしまった。

このニュースが伝わると、イギリスのサンデー・タイムス紙などは「日本隊がマロリーの遺体を発見か!?」との記事を載せ、イギリスでもマロリーの謎への関心が高まった。しかし、肝心の目撃者が亡くなっていたために、日本隊は何の手がかりもつかむことができなかった。

「マロリー論文」を発表したトム・ホルゼルは、マロリーの謎を解くために自ら遠征隊を組織してチョモランマに出かけた。後にホルゼルの強力な支持者となる山岳史家のオードリィ・サルケルド女史もこの遠征に参加していた。女史はホルゼルと共同の『マロリー伝』の著書もある。

サルケルド女史の興味は、ヒマラヤ登山史上最大の謎を解くことよりもマロリーという人間に格別の興味を抱いていた。「マロリーが登頂しなかったことが証明されるのは嫌です」とも述べているように、調べるほどに魅了されてしまうのがマロリーという人間だった。

1886年（明治19）生まれのマロリーは、イギリスを代表する優れた登山家、というだけではない。ケンブリッジで歴史学を学んで著書を著し、名門校の教師で、モダニズム芸術にも通じ、その端整な容貌から画家ダンカン・グラントのモデルにもなり、作家・詩人・各界の名士と親交を持ち……という、つまりスーパースターだった。マロリーの葬儀が国葬並みだったことからもそれはうかがえる。

ヒラリーとテンジンがエベレスト登頂に成功してからも、本当はマロリーが先に登ったと信じているイギリス人は少なくない。これもマロリーという人間の魅力ゆえなのだろう。

1980年（昭和55）8月、マロリーの姿を最後に目撃したノエル・B・オデル（89歳）が初めて来日。山岳雑誌のインタビューで、

「マロリーとアービンは登頂したと思う。予定よりも遅れていたが、多分、暗くなる頃に頂上に着けたはず。頂上から下る途中でアクシデントが起きたのでは……」

と語っている。オデルの言葉には、ヒマラヤ黄金期を体験してきた登山史の証人としての重みが滲み出ているが、謎の解明にはなりそうもない。

マロリー遭難から75年後の1999年（平成11）、アメリカの登山隊（隊長コンラッド・アンカー）によってエベレストの頂上付近でマロリーの遺体が発見された。このニュースに世界中の山岳関係者が興奮した。もしかしたら、エベレスト初登頂の歴史が書き換えられるかもしれなかったからだ。発見された遺品のなかに、マロリーが頂上で記念に置いてくるために持参した妻の写真が見つからなかったことから、登頂した可能性も残されているが、エベレスト初登頂の謎は永遠に判明しないほうが、ヒマラヤ登山史上のロマンとしてふさわしいかもしれない。

エベレストで遭難した旧ソ連隊の謎

まだ初登頂される前のエベレストに、ネパール側からスイスの登山隊（隊長シュバレー博士）が挑戦した。結果は8100メートルまで達しただけで、初登頂は翌年のジョン・ハント隊長率いるイギリス登山隊に持ち越された。

このスイス隊がエベレストに挑んでいるとき、反対側のチベットからも旧ソ連の登山隊が世界最高峰チョモランマに、スイス隊を出し抜こうとアタックしていた、という噂がある。32人からなる隊員のなかには生理学者のパウエル・ダトチノリアンや地質学者のアントニン・ジンドモノフも加わっていた。

旧ソ連の登山隊はチベットのラサで準備を整えたのち、北面からチョモランマに挑んだが、8000メートルの高所で6人が行方不明になってしまった。登山隊は12月27日、ラサに引きあげてクレムリンに遭難の報告をした。折り返し「捜索を続行せよ」との指令を受けたため、登山隊は厳冬期に入っていた世界最高峰に戻って、風雪のなかを18日間も捜索を行なったが、行方不明者は発見できなかった……。

翌年、スウェーデンの新聞に、この内容で旧ソ連隊によるエベレスト遭難が報じられた。ニュースソースは、この遠征隊に加わったチベット人ポーターで、途中で逃げ

世界最高峰エベレスト（チョモランマ）
（写真：栃金正一）

出してカトマンズの当局に話したのだとされる。

もし、この記事が事実だとすると、厳冬期の世界最高峰に最初に挑戦したのはポーランド隊よりも28年も前ということになる。

1989年（平成1）9月19日の「朝日新聞」に、この幻の旧ソ連隊に関する記事が出た。

〈ソ連のキルギス共和国で開催された国際登山キャンプに招かれた日本山岳会の田村俊介さんが、ソ連側の責任者ボリス・ストゥジェニン氏に疑惑の登山隊について質問したところ、「当時、ソ連登山界の第一人者アバラーコフをはじめ有名な登山家が参加していないような遠征隊が世界の最高峰に挑むとは考えられない」と断言した〉

と書かれている。が、これだけでは真相は依然、霧のなかだ。

また、新聞には〈ソ連隊は40人が遭難し、最大の登山遭難としてギネス・ブックにも記載されている〉とも出ていたが、6人といわれていた犠牲者がなぜ40人に増えたのか。まさか、登山隊員の総数が40人近かったから40人全員死亡、という単純な人数合わせをしたのではないと思われるが、このことも本当のところはわからない。

噂が流れた当時は、アメリカとソ連が冷戦の時代だった。このことが疑惑をくすぶりつづけさせてきたといえる。ソ連邦が崩壊した今、近い将来、幻の登山隊の意外な真相が明らかにされるかもしれない。

身元不明の遺体の謎

1993年(平成5)、世界第2位の高峰K2(標高8611メートル)が初登頂される前年(1953年)に遠征したアメリカ登山隊(隊長チャールズ・ハウストン)のアーサー・ギルキー隊員とみられる遺体が、イギリスの登山隊によって40年ぶりに発見された、というニュースを憶えている人もいると思う。

このように、発見された古い遺体の身元が判明することは珍しく、誰のものかわからないことが多い。40年くらい前に東ロンブク氷河の近くで発見された白人の遺体は、1934年(昭和9)に消息を絶ったイギリス人のモーリス・ウィルソン(エベレストの単独登山者)らしいということになったが、証拠はない。日本国内の山でも、白骨化した遭難遺体が発見されて身元が判明しないケースは少なくない。

次に紹介するのは珍しいケースだ。

1973年(昭和48)、上越国境の谷川岳一ノ倉沢の本谷ルートから外れた岩棚で2体の白骨遺体が見つかった。5月13日の午前9時頃、東京の岩谷賢太郎さんら3人が一ノ倉沢奥壁の岩棚で遺体を発見して沼田署の山岳警備隊に届け出た。白骨化した遺体は苔《こけ》が生え、錆《さ》びたピッケルとベルトのバックル、黒革の財布も見つかった。財布のなかには昭和15～16年発行の10銭硬貨が入っていた。バックルにはカブトとサクラの模様が彫られていたことなどから、太平洋戦争中に遭難したものと思われる。

戦時中の登山とはどんなだったのだろうか。迫り来る不安と恐怖、明日をもわからぬ日々、登山など知れれば非国民呼ばわりされたかもしれない。だから、2人の遭難者は、谷川岳の岩壁を登りに行ってくることを家族や友人にも伝えていなかった、という可能性もある。

今回の白骨遺体の身元割り出しは、当時の遭難記録がないことから、困難が予想されたが、終戦前の初冬に遭難した4人パーティがあり、うち2人が行方不明のままという情報がある、と当時の「毎日新聞」は伝えている。

山で遭難して遺体が見つからないのはたまらないが、発見された遺体が誰かわからないのもやりきれない気持ちになる。合掌。

山の奇跡

人肉を食べて生還したアンデスの遭難者

アンデス山中に墜落した飛行機の乗客16人が、72日後に奇跡的に生還したニュースが世界中の人々を驚かせたのは、40年以上前のことだ。

1972年（昭和47）10月12日。南米ウルグアイの名門高校ステリア・マリス学園のラグビー・チームが、毎年行なわれる国際親善試合に遠征するため、空軍のフェアチャイルド機をチャーターして首都モンテビデオを飛び立った。

乗員・乗客40人を乗せた機は、4時間後にはチリのサンチャゴ空港に到着する予定だったが、アンデス上空の天候が悪くて、この日はアルゼンチンのメンドーサに着陸。翌13日は金曜日。この日、午後1時離陸。一行はサンチャゴに向かったが、アンデス上空の気象状態は相変わらず悪天だった。

シートベルトを締めるようアナウンスがあった直後の午後3時43分、飛行機は右翼をティンギリリーカ火山の山腹にぶつけ、万年雪の斜面に墜落し、機体はまっぷたつに割れて飛び散った。

多くの即死者を出したが、呻《うめ》き声を出している重傷者に混じって奇跡的にカスリ傷ですんだ者もいた。助かった人たちの多くはラグビーの選手たちで、そのなかに3人の医学生が含まれていた。この医学生がいたことが、16人もが生還できた鍵になった。負傷者のなかには、エンリケ・ブラテーロのように腹が破れて腸が飛び出した者もいて、その手当ても医学生のロベルト・カネッサが当たった。だが残念なことに、エンリケは苦しみつづけた末、16日後に息を引きとった。

墜落から8日後、生存者はまだ26人もいた。が、10月29日に起きた雪崩は負傷者の多くの命を奪った。マイナス20度もの酷寒や飢えと闘っていた彼らは、10日目、捜索打ち切りのニュースを携帯ラジオで聞いて愕然《がくぜん》とした。食べ物は食べ尽くし、助けを求めに下山できる体力は誰にも残されていなかった。救助隊は来ない。助かった人たちで話し合い、ある結論を導き出した。

墜落から58日目、ロベルト・カネッサ、フェルナンド・パラード、アントニオ・ビセンチンの3人が救援を求めに山を下りることになった。途中で、気分が悪くなった

アンデスからの生還は日本人には衝撃的事件だった（写真：AP／アフロ）

アントニオが引き返し、２人だけが雪原を先へと進んだ。

ロベルトたちが歩きつづけて10日目、チリのサンフェルナンドの谷へ下り、初めて川の対岸に拡がる緑の牧場を見ることができた。川は渡れなかったので、対岸に人が現われるのを待った。翌日、牛飼いが現われたので、２人は救助を求めるメモを石に包んで牛飼いに投げた。

次の日、牛飼いの通報で2人は救助された。そしてついに、万年雪のなかに生き残っていた14人もチリ空軍のヘリコプターで助け出されたのだ。実に72日ぶりの奇跡の生還は、全世界に衝撃を与えた。と同時に、食べ物がないのになぜ2ヵ月以上ものあいだ、生き抜くことができたのだろうか、という疑問を人々は抱いた。

事実は次のとおりだったのだ。救助隊が現場に到着したとき、ひどい悪臭がただよい、辺りには骨だけの遺体や、割られて空になった頭骸骨、薄く切られた干し肉などが散乱していた。生還者たちは、飢餓にまかせてただ人肉を食べたのではなかった。医学的、栄養学的に、肉よりも高タンパクの脳、肝臓、腎臓の順に食べ、肉は一番最後に手をつけた。マッチもライターも燃料もないので、それらは雪と一緒に口に入れ、もどしそうになるのをこらえて嚙まずに飲み込んだのだった。

祖国ウルグアイに帰国して熱狂的な歓迎を受けた16人は、モンテビデオ空港から母校のステリア・マリス学園に直行し、体育館で合同記者会見を開いた。

司会者ダニエル・ホアンが生還者たちに質問をした。

「あなたたちは、持っていた食料を食べ尽くしたあと、どうしましたか?」

生還者の1人アルフレッド・デルガードは、

「……わたしたちは、キリストが血と肉をパンとワインの形で分け与えて下さったのを、聖餐式の聖体として食べました」

と答えて大きな拍手を浴びたが、ウルグアイの報道機関はこの点の公表をさし控えることにした。

雪というものに接した経験がないウルグアイの青年たちが、苛酷極まりないアンデス山中で16人も生き抜くことができたのは、ラグビーを通じての連帯感と、医学生がいたこと、キリスト教の信仰心などによるが、この遭難はわたしたちにも生と死について深く考えさせられる事件であった。

エベレストから転落して生還した男

厳冬期のエベレスト登頂をめざして挑戦中にチベット側へ転落して行方不明になり、

18日後に奇跡的に生還した登山家がいる。

この幸運な登山家は、フランスの登山隊（隊長ミシェル・メッジュール）にカメラマンとして参加していたベルギー人のジャン・ブルジョワ隊員。

1982年（昭和57）12月。エベレスト西稜上に建設された第1キャンプから、標高7000メートルの第2キャンプに他の3人と一緒に登っていたブルジョワ隊員は、途中で高山病による頭痛が激しくなったためひとりで第1キャンプに引き返し、そのまま消息を絶ってしまった。

チベット側へ転落したことは明らかだったので、登山隊はただちに頂上アタックを中止して必死の捜索にあたった。だが、ブルジョワ隊員を発見することはできなかった。1月2日、登山隊はブルジョワ隊員の生存は絶望的と判断して捜索を打ち切った。1月7日、ベースキャンプを撤収。深い悲しみに沈みながら、重い足どりでネパールの首都カトマンズに戻った。

ところが、消息を絶ってから18日後の1月14日、登山隊が泊まっていたホテルにひょっこり、ブルジョワ隊員が元気な姿をあらわして一同をびっくりさせた。仲間たちは最初、ブルジョワ隊員のユーレイが出た！　と青ざめたが、正真正銘の本人だとわかるとたちまち喜びに包まれた。

ブルジョワ隊員が語ったところによると、12月27日、体調が悪化してひとりで第1キャンプへ引き返す途中、足を滑らせてチベット側の氷壁を1000メートル以上も転落。ところが気がつくとどこにもケガはなく、高山病も治っていた（高山病は高度を下げると自然に治る）。だが、そこから氷壁を登り返すことは不可能なので、チベット側の谷に向かうことにした。

中央ロンブク氷河を下り、雪を食べながら3日間歩きつづけてチベット人の村に到着。ここで、出会った村人にお茶と食べ物をもらい、さらに歩きつづけ、1月2日シガールの町に到着。そこで中国人官憲の管理下におかれ、シガツェの町に移されて尋問を受けた後、500ルピーの現金を手渡されてカトマンズ行きのバスに乗せられた、という。

厳冬期の世界最高峰から1000メートル以上も転落したにもかかわらず、カスリ傷程度で生還できたことは、単なる幸運なだけではないような気がする。まさに「奇跡」という言葉がピッタリだと思う。

雪崩に埋まり13日間生き抜いた青年

シャツとパンツを身につけただけで雪崩に埋められ、なんと13日間も生き抜いた青年がいる。

オーストリアのハイリンゲンブルートの近くに水力発電用ダム工事の索道が通っているが、その中継点のザッテルアルプ中央駅に、フライゼッガー青年と同僚のリントナーは勤めていた。

1951年（昭和26）1月20日。数日来の雪はこの日も激しく降りつづいていた。午後6時、フライゼッガーとリントナーの2人は駅を閉めて、中央駅から50メートル上に建つ休憩小屋に登っていき、小屋で夕食を作って食べた。このとき、山の頂上にあるウインケル駅に詰めている同僚から、雪崩警報が出たことを電話で知らせてきたが、2人は特に気にしなかった。

フライゼッガーはシャツとパンツだけになって、リントナーの上の段のベッドに入り、乾し草の上に横になった。

午前2時頃、「おい、何だ、あの音は？」と叫ぶリントナーの声に目をさましたフライゼッガーは、次の瞬間、何がなんだかわからないうちに、何かが壊れる凄まじい音を聞いた。

と同時に、全身を雪できつく締めつけられていた。頭と胸のあいだに少しだけ隙間があった。唯一動かせるのは右手だけだった。

彼は窒息しないように、顔のまわりの雪を取りのぞいた。

まもなく、下のベッドにいたリントナーの呻き声が聞こえてきた。

「助けてくれ、お願いだ、苦しい……」

フライゼッガーは、

「助けたいが、体が締めつけられていて動けないんだ。救援隊が来るまでがんばるんだ！」

と励ました。リントナーの呻き声は長いあいだつづき、次第にその声もかすかになり、ついには声をかけても返事がなくなった。

暗闇のなかなので、どのくらい時間が経過したかわからなかったが、話し声が聞こえてきた。救援隊だ。フライゼッガーの上のほうで歩き回っているらしく、話し声のほかにシャベルの音も聞こえた。彼は力いっぱい叫んだ。「助けてくれー！」と。

だがいくら叫んでも、声は地上に届かなかった。地上の声は雪の下にはよく聞こえるのだが、雪の下からの声は聞こえにくいからだ。

地上での捜索は大勢で一日中つづけられたが行方不明の2人は発見できず、やがて引きあげていった。

翌日も捜索隊がやってきたが、前の日と同じだった。その日は彼のすぐ近くにあった材木にゾンデ（捜索棒）がぶつかる音さえ聞こえた。3日目を過ぎると、諦めたのか捜索隊の声はプッツリと聞こえなくなった。

フライゼッガーは初めて恐ろしい孤独と絶望に襲われた。もうすぐ助かる、と思いつづけていたのが、不意に裏切られるほど残酷なことはない。

ここで、あるニュースを思い出す読者もいることだろう。1991年（平成3）、外洋ヨットレース参加中に転覆したヨット「たか号」の乗組員がボートで漂流中、上空を捜索機が何度も飛びながら発見されなかった。乗組員たちは絶望し、次々に死亡していった……。

フライゼッガー青年は、この「たか号」の乗組員たちのように絶望の淵に落とされながらも、驚くべき生命力と強い意志で、孤独や苦痛や寒さや死の恐怖と闘いつづけた。彼は恐怖心を追い払い、睡魔と闘って声を出して唄をうたい、自由になる右手で固い雪に爪をたてて引っ掻きつづけた。

救援隊が去って幾日も経ってから、彼がいるところから20メートルも離れていないところを、彼の同僚たちが1日2回、資材を運びはじめた。そのたびにあらん限りの声で叫びつづけた。

8日目頃、それまでずっと雪に締めつけられていた足をやっと自由にすることができた。すでに両方とも太く腫れあがり、まったく感覚がなくなっていた。また、木片が手に入ったので、それで少しずつ上に向かって雪を削る作業にとりかかった。すぐに疲れて休まなければならなかった。喉が渇くので、多量の雪を食べた。

10日目頃、削っていた上部がかすかに明るくなっているのに気づいた。地上の冷たい空気が流れ込んでくるまでに、さらに数時間を費やした。ようやく顔を出せる穴があいたが、彼はシャツとパンツだけしか身につけていなかったから、もし地上に這い出ても、誰もいなければ、たちまち凍死することは明らかだった。体力も限界にきていた。

朦朧《もうろう》とした意識のなかで、ふと人の声が聞こえた。彼は最後の力をふりしぼって助けを求めた。こんどは地上に声が届いた。

フライゼッガーはこうして、雪崩に埋められてから13日後に発見され、奇跡的に一命をとりとめることができた。彼はリエンツの病院に4ヵ月入院し、凍傷のため両足を膝の下から切断しなければならなかった。

退院後、フライゼッガーは義足をはめて仕事に復帰した。

同僚から「何日間くらい雪の下に閉じ込められていたと思っていたか」と聞かれたとき、彼は「2ヵ月間くらいと思っていた」と答えたという。

以上は、雪崩研究家のコーリン・フレーザーが1966年（昭和41）に著した『ナダレの謎』のなかのエピソードを、雑誌『山と溪谷』353号で紹介していた記事（吉沢一郎・訳）の要約である。

1992年（平成4）2月4日の「朝日新聞」は、ヒマラヤ山中をトレッキング中に遭難した医学生が、たったひとつのチョコレートと雪だけで43日間も生き抜いて救助された、という驚くべきニュースを報じた。

これらは、人間の生命力が、実はわれわれ自身が思っているよりもはるかに強靭《きょうじん》であることを教えてくれている。奇跡とは、人間の生命力の強さが発揮されたときを言うのかもしれない。

ヒマラヤで宙吊りから救出された日本人

1990年（平成2）夏、パキスタン領ヒマラヤのカラコルム山脈に遠征した登山隊の南裏健康《みなみうらたけやす》隊長が、ヒマラヤ有数の難峰トランゴ・ネームレスタワー（標高6231メートル）にたったひとりで挑戦したときのことである。

南裏隊長は垂直の岩壁を47日間かかって登りきり、9月9日、みごと単独初登頂に成功した。下降は、パラグライダーで一気にベースキャンプまで降下する計画だった。

ところが、下降しようとして離陸直後に約50メートル墜落し、パラシュートが岩に引っかかって宙吊り状態になってしまった。

このとき、すでに別の岩峰を登り終えてベースキャンプに戻っていた4人の仲間たちは、このアクシデントを知るとただちに行動を起こした。隊付きのパキスタン人連絡将校《リエゾン・オフィサー》を介して陸軍にヘリコプターの出動を要請。が、飛来したヘリコプターはあまりにも危険すぎる場所のため近づけず、食料を投下するだけで遭難者の吊り上げはできなかった。

ヘリコプターがダメなら、残された唯一の手段は、南裏隊長が47日間かかって登った垂直の岩峰を登って救出するしかない。だが、救助隊が到着するまで宙吊り状態のまま持ちこたえることができるかどうか、仲間たちは心配だった。もし、激しい嵐にでもみまわれたら、一晩で確実に凍死してしまうからだ。

さいわい好天がつづいていることと、南裏隊長がトランシーバーを持っていたので、地上から励ますことができた。交信は昼も夜も繰り返された。

9月13日。事故から4日目。仲間の2人が岩峰の基部に着き、いよいよ垂直の岩峰の登攀がはじまった。ルートは南裏隊長が登ったのと反対側の南西壁イギリス隊ルートにとられた。

5日目。2人の救援隊は南裏隊長の姿が見える高度にまで達して、声をかわした。翌日、救援隊の2人はいったん頂上まで登り、そこからザイルを用いて下降し、ついに合流することができた。墜落したときのケガは予想より軽く、なんとか自力で下降する体力が残されていた。3人は次の晩も垂直の岩壁の途中でビバークし、翌18日にやっと地上に降り立つことができた。

ヒマラヤの高峰で、しかもこのように困難極まりない岩壁で宙吊り状態になり、9日も後に無事救出されたのは、天候にも味方されたが、まさに奇跡としかいいようがない。これは何よりも南裏隊長の強靭な体力と精神力、仲間たちのすぐれたチームワーク、的確な判断、高度な登山技術などがあったからこその救出劇だったということができる。

アルプスの氷壁から滑落して助かった日本人

1974年（昭和49）夏、アルプスの名峰モンブラン（標高4810メートル）で、氷壁を800メートルも滑落して奇跡的に助かった日本人がいる。当時の「毎日新聞」（ジュネーブ13日、時事）に、この事故を伝える記事が出た。

〈8月13日、モンブランで日本人の単独登山者が氷壁を800メートル滑落し、ヘリコプターで救助されたが、かすり傷程度で奇跡的に助かり、地元ではアルプス登山史上でも珍しいケースだと評判になっている。

この幸運な登山者は、大阪の速野猛雄さん（22）。モンブラン山塊のモンブラン・ド・タクール（標高4248メートル）で、傾斜角度70度、全長約900メートルの大氷壁のうち、800メートル付近まで登攀したとき、突然足場が崩れ、約800メートル滑落した。これを目撃した人の知らせで、救助のヘリコプターが出動、病院に収容されたが、速野さんは腰を強く打っただけで、とくに異常はなく、いたって元気だという〉

地元ではこのラッキーな事故をアルプスはじまって以来の奇跡的生還と伝えたという。

国内の奇跡の生還者たち

山で遭難して何日も経ってから、絶望視されていた登山者が奇跡的に生還するというケースは国内にもある。

最初は、山の遭難とは異なるが、吹雪の北海道で下校途中の少年が行方不明になり、一昼夜後に雪の下から奇跡的に救出された、というケース。

・１９５４年（昭和29）１月30日、札幌市白石町の８歳の少年が風速20メートルの猛吹雪のなかを学校から帰る途中、道に迷い、力尽きて強風を避けて谷に下り、崖の下に身を隠した。少年は着ていたオーバーを尻に敷き、学生服の衿を立て、スキー帽の耳当てを下げ、ランドセルに入っていた給食のパンを食べてから吹雪が止むのを待って眠った。

翌日も吹雪は止まず、少年は2メートルもの積雪の下に埋められてしまった。捜索隊が道路の１００メートル下の谷を捜索中、雪面に刺したゾンデ（捜索棒）が偶然にも少年にぶつかった。少年は体温が26度まで下がって仮死状態だったが、病院に入院して元気を取り戻した。

・1973年（昭和48）8月、中央アルプスの空木岳《うつぎ》（標高2864メートル）に登り、山小屋で仲間のパーティに置きざりにされた59歳の男性がそのまま消息を絶ち、大がかりな捜索を行なったが発見できず、8月17日捜索を打ち切った。その2日後、大荒井沢の砂防ダム工事作業所に行方不明だった男性がたどり着き、なかば諦めていた関係者は喜びに包まれた。

・1979年（昭和54）9月、神奈川県の西丹沢・小川谷で、千葉県の単独登山の男性（54）が沢に転落した。彼は方角がわからなくなり、救助を求めるメモを木の枝にはさんでおいた。メモを見つけた登山者の通報で山岳救助隊員らが近くを捜索。男性は、沢に転落してから8日後に発見された。もう一日発見が遅れれば生命が危ないところだった。

・1981年（昭和56）11月13日。群馬県の妙義山へひとりで紅葉見物に出かけた73歳の男性が行方不明になった。妙義山は白雲山、金鶏山、金洞山などの1000メートル前後の山々を合わせた総称。この男性は、9日後になって、登山口から10キロも離れた「妙義国民宿舎」に疲労困憊《こんぱい》でたどり着いて助かった。

・1983年（昭和58）5月30日、残雪の妙高山（標高2454メートル）へ当時20歳の青年が職場の同僚と日帰り登山に行き、下山中に道を間違え大倉沢の枝沢に迷い込んだ。同僚は救助を求めてその日のうちに下山して助かったが、残された青年はその後、何回も捜索隊の声を聞いていたものの、いくら叫んでもその声は届かなかった。やがて持っていた食べ物はなくなり、ウサギのフンまで食べた。

捜索活動は手がかりが得られず、打ち切られていたなか、11日目になって青年は見覚えのある妙高山の頂上を見つけ、翌日、やっと頂上まで登って登山道に入った。そしてフラフラになって歩いているとき、出会った山菜採りの人に救助された。日帰りのつもりだった妙高山で12日間もさまよったことになる。

・１９８４年（昭和59）８月、宮崎県の祖母山（標高１７５６メートル）に、大分の東《しの》雲《のめ》中学の生徒と教諭１１０人が登山。下山途中の午後３時、五合目付近の点呼で、中学１年の女子生徒１人が行方不明になっていることがわかった。

大分県警はただちに地元消防団と地元山岳会などに協力を求めて捜索したが、３日経ち、ついに８日経っても手がかりはなかった。そして11日後。地元山岳会の２人が、祖母山七合目の滝の近くにじっとしていた少女を発見した。少女は大分医大付属病院に入院。診察の結果、極度のストレスにより十二指腸に直径２・５センチの穴があいていることがわかったが、さいわい生命に別状はなかった。

・２０１４年（平成26）５月、山梨県丹波山《たばやま》村の山中で、行方不明になっていた東京

妙義山（写真：栃金正一）

東久留米市の64歳の男性が8日ぶりに救助されたニュースは記憶に新しい。新聞報道によれば、男性は水彩画を描くために丹波山村を訪れ、飛龍山（標高2077メートル）に向かう途中の三条ノ湯の山小屋に泊まり、翌日朝「飛龍山から雲取山に向かう」とメモを残して出発したが、飛龍山の頂上近くで道に迷った。持っていた食料はレーズンと豆を各1袋ずつ。県警によると、男性は沢の水を飲み、山菜を食べて飢えをしのいだという。8日目に自力で林道までたどり着いて携帯電話で110番通報。かけつけた署員に保護され、救急車で病院に運ばれたという。男性は携帯電話の電池の消耗を防ぐため林道に出るまで電源を切っていたという。

以上はマスコミに大きく取り上げられた遭難ばかりだが、共通しているのは、ほとんど自力で生還を果たしている点だ。不幸にも遭難してしまったら、救助などアテにできないことがよくわかる。

生還への道は、自分自身で切り拓くほかない。幸運にも生還できたとき、人はそれを奇跡と言うのかもしれない。

第2章

恐怖と神秘

世界の山には「魔の山」「人喰い山」「殺人峰」などと呼ばれている恐怖の山がある。いずれも凄惨な遭難が多い山に与えられた呼称である。

アルプスでは、スイスのアイガー峰が「魔の山」として一番有名だ。この山が「魔の山」のみならず「殺人峰」とまで呼ばれるようになったのは、北壁で犠牲者が続出するようになってから。

ヒマラヤの8000メートル峰にも「魔の山」「人喰い山」が存在する。ナンガ・パルバットは初登頂されるまでに、なんと31人もの大量の犠牲者を出しているのだ。

日本にも、世界に誇りたくない「魔の山」がある。上越国境にそびえる谷川岳だ。この山の遭難者は、世界中のどの山よりもケタ外れに多い。それも、谷川岳の南面と東面の岩場に集中して事故が起きている。

第2章では、これらの山がなぜ「魔の山」と恐れられるようになったかの経緯に迫るとともに、謎を秘めた神秘の山、旧約聖書にも顔を出す伝説の山から、中国の崑崙《こんろん》山脈の秘峰にまで足を延ばして、恐怖と謎を探ってみる。

魔の山

殺人峰アイガー北壁

フランスの名登山家ガストン・レビュファは『星と嵐』という著書のなかで、〈アイガー北壁は恐怖を発散している〉と書いている。いかにも魔の山にふさわしい描写である。

アイガー北壁は、スイスのベルナーオーバーランドに傲然《ごうぜん》とそそり立つ高さ1600メートルの岩と氷の壁。アルプス屈指の難壁としてクライマーたちの登攀の対象にされるようになったのは、第二次世界大戦の前になってからである。

1935年（昭和10）、ミュンヘンのクライマー、メーリンガーとゼドルマイヤーは北壁に挑戦して、両名とも墜死。翌年7月、23歳のトニー・クルツらドイツ・オーストリア合同隊4人が北壁にアタックして、4人全員が死亡。このトニー・クルツら

アイガー北壁（写真：大野 崇）

の遭難はアルプス史上もっとも悲惨な遭難として知られ、小説にも取り上げられている。石原慎太郎の『北壁』、ボブ・ラングレーの『北壁の死闘』などの作品がそうだ。

第1日目。クルツたちは下部岩壁を登攀中、ヒンターシュトイサーが難しい技術を駆使してトラバース（岩壁や急斜面の横断）に成功。後に「ヒンターシュトイサー・トラバース」と命名された。

3日目。4人は前年のパーティが到達した高さまで登ることができたが、ラングラーが頭部を負傷したのと、天候悪化のため退却を決意して下降に移った。凍りつくような北壁のなかでビバークした彼らは、ヒンターシュトイサー・トラバース地点まで下降した。が、ここで、どうしてもこのトラバースを突破することができず、それ以上は下りることも登ることもできなくなってしまった。

標高3970メートルのアイガーには、ユングフラウヨッホへ通じる登山電車用のトンネルがくり抜かれている。そのトンネルのなかに、1ヵ所だけ北壁のなかほどに窓が作られている。この窓から、保線工のアルベルト・フォン・アルメンが岩壁に立ち往生している4人に声をかけた。すると頭上から、

「今、まっすぐ下りている。みんな元気だ！」

と答えがあった。保線工は安心すると部屋に戻ってお茶を沸かしてから、ふたたび

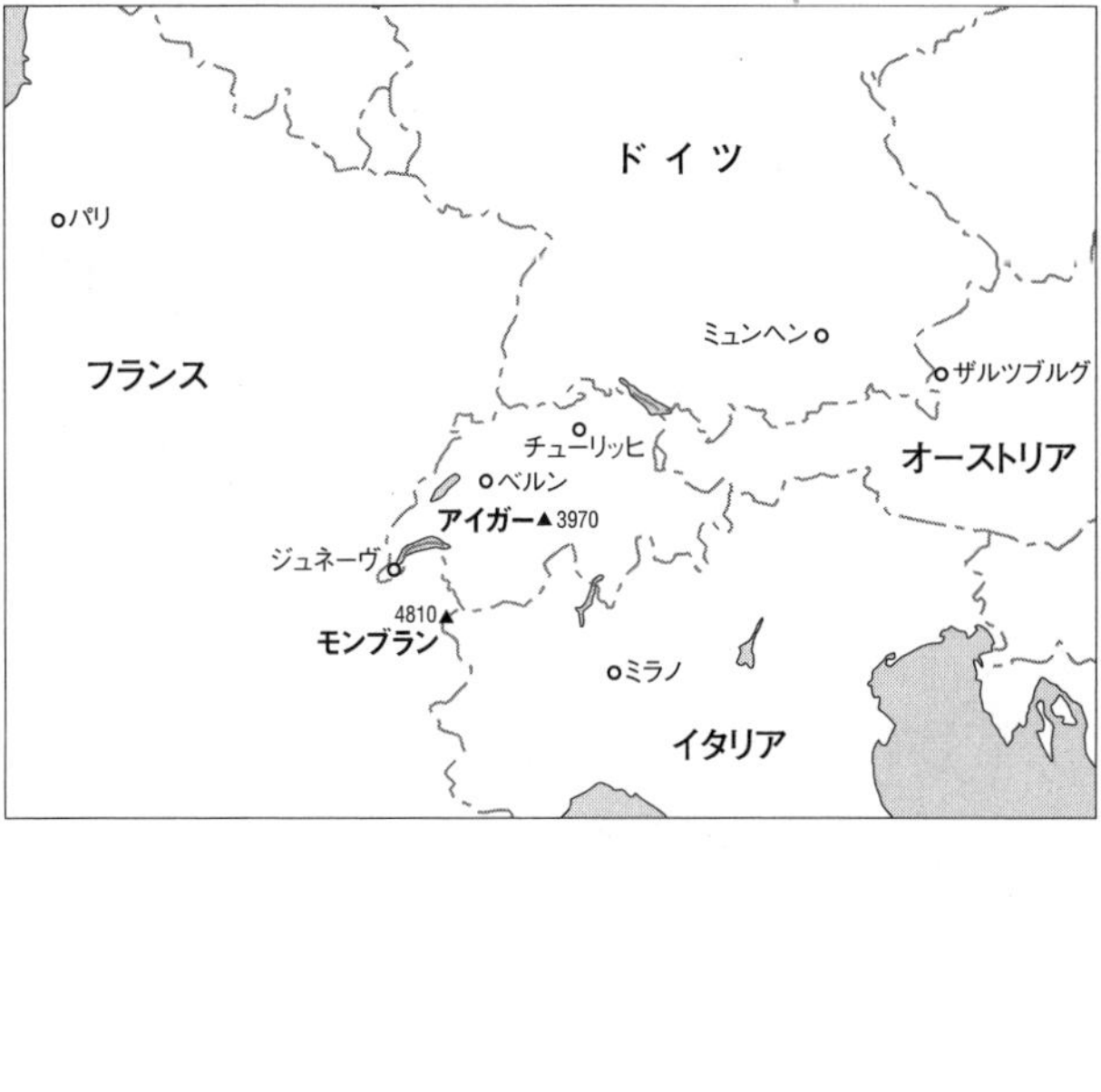
ドイツ
パリ
ミュンヘン
フランス
ザルツブルグ
チューリッヒ
オーストリア
ベルン
アイガー
3970
ジュネーヴ
4810
モンブラン
ミラノ
イタリア

北壁の窓から声をかけた。

すぐに返事があったが、保線工が耳を疑う内容に変わっていた。

「生きてるのはわたし、トニー・クルツひとりだ。助けてくれ!」

ただちにユングフラウ鉄道は特別列車を仕立て、スイス人ガイドたちを乗せて北壁の窓に向かった。

窓から北壁に出たガイドたちは、ザイルに宙吊りになっているらしいトニー・クルツの声を頭上に聞いた。そこはオーバーハングした岩の上で彼の姿は見えず、誰もそこまで登っていくことができなかった。

「今、助けに行くぞ!」

と励ましたものの、時間だけが空しく経過していった。

夜が迫っていた。救援のガイドたちは、「もうひと晩がんばってくれ!」と励まして引き返しはじめた。クルツは「だめだ、だめだ、助けてくれーっ!」と悲痛な声で叫んだが、どうすることもできなかった。

翌日、4人のガイドがやってきて、クルツの下40メートルの高さまで登った。が、それが限界だった。クルツは、ひと晩中烈風に叩かれて衰弱しきっており、靴には20センチものツララが下がっていた。

救援隊はクルツにこまかく指示を出した。死んだアンゲラーがぶらさがっているザイルをナイフで切り放し、そのザイルを切りとって撚《よ》りをほぐして3本にして結び合わせ、そのヒモを救援隊のところまで垂らさせた。

長い時間の後、繋ぎ合わされたヒモがユラユラと救助隊の頭上へ降りてきた。ガイドたちがヒモにザイル（登山用ロープ）やハーケン（岩に打ち込む支持用の釘）などを結ぶと、少しずつヒモが引き上げられていった。2本目のザイルが引き上げられて、最後の力を振り絞ったクルツがザイルにカラビナ（ハーケンにかけて、ザイルを通す金属性の輪）を通して下降をはじめ、救援隊のすぐ近くまで下りてきた。

もう少しで助かる、と誰もがそう思ったとき、なんたることか、ザイルの結び目のコブがカラビナに引っかかって動りなくなってしまったのだ。クルツには、結び目のコブを外す力はもう残されていなかった。ガイドたちの励ましの声を聞きながら、クルツはザイルにぶら下がったまま息絶えてしまった。

この戦慄《せんりつ》すべき遭難の一部始終は、クライネシャイデックに詰めかけた一般観光客注視のなかで起きた。それから2年後、アイガー北壁はハインリヒ・ハラーたちドイツ・オーストリア合同隊の4人によって征服されたが、その後も現在まで死亡するクライマーは後を絶たず、「殺人峰」の本領を発揮しつづけている。

人喰い山ナンガ・パルバット

アルプスの魔の山がアイガーなら、ヒマラヤの魔の山は世界第9位の高峰ナンガ・パルバット（標高8126メートル）ということができる。

征服されるまでに、実に31人もの生命を呑み込んでいるのだ。

ヒマラヤでは、遭難もスケールが大きい。大自然のなかでは人間がいかに小さい存在であるかを示しているといえる。期せずして人はこの山を「魔の山」「人喰い山」と呼ぶようになったが、ナンガ・パルバットに挑戦する登山者は後を絶たない。

ナンガ・パルバット最初の犠牲者が出たのは、1895年（明治28）8月。イギリスの登山家アルバート・フレデリック・ママリーと、2人のグルカ兵が消息を絶った。次は39年後だった。ドイツのヴィリー・メルクル隊に悲劇が起きた。メルクル隊長ら隊員とシェルパの計9人が、嵐のなかで次々に凄惨な死を遂げた。これはヒマラヤ登山史上最大の遭難となった。

3年後、ドイツのカール・ヴィーン隊長ら7人が、メルクル隊の雪辱《せつじょく》を果たすためナンガ・パルバットに挑んだ。ヒトラーのドイツでは国威発揚のために英雄の誕生を待ち望んでいた。失敗は許されなかった。だが、6月14日夜、ヴィーン隊長ら全隊員

K2
8611
ナンガ・パルバット
8126
カブール
イスラマバード
中国
アフガニスタン
ナンダ・デビィ
7816
パキスタン
ネパール
エベレスト
8848
8167
ニューデリー
アンナプルナI峰
カトマンズ
インド

とシェルパ9人の計16人が、大雪崩《なだれ》に襲われて死亡する大惨事が起きた。ヒマラヤ登山史上最大の遭難は、ふたたびナンガ・パルバットで塗り替えられたのだ。

その後、第二次大戦後になって3人のイギリス人がこの山に挑み、2人が死亡している。これで犠牲者は31人を記録。「魔の山」、「人喰い山」と呼ばれるようになったのはこの頃からである。

ナンガ・パルバットが征服されたのは1953年（昭和28）。ヘルマン・ブールが驚異的な単独登頂を果たした。この初登頂に成功した登山隊を企画立案したのは、19年前に犠牲となったメルクル隊長の義弟カール・ヘルリッヒコッハー博士だった。博士は後に何回もこの山に遠征し、成功もおさめている。幾多の犠牲者を出しながらも何度も挑みつづけ、ついに初登頂を成し遂げたことから、ナンガ・パルバットは「ドイツ隊執念の山」ともいわれている。

ちなみに、日本隊による最初の挑戦は1971年（昭和46）の岩峰登高会隊で、最初の犠牲者は1983年（昭和58）の福岡登高会隊。日本人初登頂は同年の富山県山岳連盟隊が果たしている。

ナンガ・パルバットは今もなお、「人喰い山」の名をほしいままにしつづけているのである。

犠牲者世界一の谷川岳

遭難死者800人以上という、とてつもない山が日本に存在する。上越国境にそびえる谷川岳（標高1977メートル）がその山だ。高さこそ2000メートルにも満たないが、残念ながら犠牲者の数は世界一である。

1931年（昭和6）の上越線の全線開通によって谷川岳は都会から日帰り登山できる近い山になり、折りからの登山ブームもあって登山者が押し寄せた。当然、遭難も多発。谷川岳のなかでもとりわけ東面のマチガ沢、一ノ倉沢、幽ノ沢などの岩場は人気が高く、岩場での事故も続発した。

遭難による谷川岳での死者は1968年（昭和43）1月までに470人、1975年（昭和50）には600人を突破。現在は800人を超えている。谷川岳がこんなに多くの遭難者を出している理由は、太平洋側と日本海側との分水嶺《ぶんすいれい》になっているためにいつも天気が悪く、かつ急変しやすいことと、都会から日帰りできる便利さが、日本有数の大岩壁にベテランから初心者までの登山者を殺到させてしまったことがあげられる。

1960年（昭和35）9月、日本中をビックリ仰天させる凄惨な出来事が谷川岳であった。18日。一ノ倉沢の衝立岩《ついたて》を登攀中の横浜蝸牛《かたつむり》山岳会の2人パーティが、オーバーハングのところで墜落し、ザイルに宙吊り状態のまま2人とも死亡した。

翌日。宙吊りの遺体を発見した登山者が山岳警備隊に届け出た。ただちに蝸牛山岳会に連絡され、その夜のうちに蝸牛山岳会の関係者がかけつけた。遺体がぶらさがっている場所は一ノ倉沢のなかでも一番難しいといわれていた箇所だったので、遺体の回収は相当の困難が予想された。

9月21日。驚くべき記事が新聞に大きく載った。なんと、〈自衛隊がザイルを銃撃して遺体を回収（遺体を落下させる）する〉というのだ。警備隊、蝸牛山岳会、他の山岳会関係者も寝耳に水の記事だった。記事を知らず、この日も山岳会関係者らが衝立岩を登攀して遺体の近くまで達したが、もう少しのところで時間切れとなった。土合《どあい》駅に近い「山の家」に戻って初めて新聞報道を知って彼らは啞然となり、腹を立てた。ところが、その夜の相談で、「これ以上危険な作業を山岳会関係者にお願いするよりも、考えてみれば自衛隊のほうが安全だから」という遺族の強い要望により、警備隊を介して正式に自衛隊の出動を要請することに決まった。

要請を受けた自衛隊は24日、相馬ヶ原駐屯部隊の大西司令以下47名が出動。山岳会関係者が設置した固定ロープを伝わって衝立岩の下に到着。午前9時15分、大西司令

谷川岳一ノ倉沢。事件の舞台となった衝立岩（右側の三角形）

の号令で狙撃が開始された。が、いくら撃ってもザイルは切れなかった。ブラブラ揺れる1本のザイルに銃弾を命中させることは、コミックのヒーロー「ゴルゴ13」でもない限り至難のわざだ。

午後1時、約3000発にのぼる銃撃の末、ついにザイルが切断されて遺体は衝立スラブ（一枚岩）に落下した。この銃撃現場には、100人にのぼる報道関係者とテレビカメラも入り、50人の警察官、遺族や山岳会関係者230人が見守るなかで行なわれ、前代未聞のショーとなった。

この事件は、登山史上の汚点として山岳関係者に深い傷を残したが、反面、マスコミの影響力の大きさを改めて思い知らされた。

その後、谷川岳の遭難は減少するきざしがなかったため、群馬県は1967年（昭和42）、「群馬県谷川岳遭難防止条例」を施行した。これは〝危険地域〟への立ち入りの禁止期間、届け出の義務などを定めたもので現在もつづけられているが、「魔の山」「墓標の山」といわれる谷川岳に残念ながら遭難がなくなることはなさそうだ。

死を呼ぶ山ミニヤ・コンカ

中国四川省にある標高7556メートルのミニヤ・コンカは、中国では「貢嘎山」と書き、日本では「ミニヤ・コンカ」「ミニヤコンカ」「ミニャ・コンガ」などと表記されている。山名の意味は「氷雪の山」。

この山が初登頂されたのは1932年（昭和7）で、R・バードソルらのアメリカ隊だった。その後、遭難が頻発。死者の山が築かれていった。「魔性の棲《す》む山」と呼ぶ人もいる。初登頂後は、

1957年（昭和32）、第2登を果たした中国隊の3人が下山中に転落死。

1981年（昭和56）、北海道山岳連盟隊の8人が滑落死。

翌年、市川山岳会隊の2人が遭難したが1人生還、1人行方不明。5ヵ月後、発見された遺体の収容中に1人が高山病で死亡。

1994年（平成6）、日本ヒマフヤ協会隊の4人が行方不明。

4年後、韓国隊の1人が墜落死。

さらにその11年後、アメリカ隊の3人が行方不明、その後1人の遺体発見……。

という具合に、枚挙にいとまがない。

ところで日本隊の登頂はというと、1997年（平成9）の札幌山岳会隊である。そして、その翌年までにミニヤ・コンカ登頂に成功したのは7隊21人。そのうち日本人は2人。死者は20人、このうち日本人は14人という異常さである。

また、ミニヤ・コンカという山の名前を、日本中に知らしめることになったのが、1982年（昭和57）の市川山岳会隊（斎藤英明隊長ら7人）における遭難および松田宏也隊員の奇跡的生還である。

4月29日、松田・菅原2人の隊員が頂上アタックに向かい頂上直下でビバーク。翌日登頂を諦めて下降中にルートを見失う。2日後、無線による交信が途絶えたため遭難と判断。8日後、登山隊はベースキャンプを撤収し下山してしまった。

その頃、2人は必死に下降をつづけていたが、途中で菅原隊員が行方不明に。ひとりになった松田隊員は必死に下降をつづけ、最後は這ってベースキャンプ近くまでたどり着くがそこで力尽き、一歩も動けなくなっていたところを、薬草を採りに登ってきた地元民に発見されて救出された。登山隊が去って10日後であった。

ただちに、そこから麓の磨西までの崖道を100人以上の地元民による担架隊が出動して、大雨のなか、一昼夜、休まずに運び下ろされた。磨西の四川省皮膚病予防治療病院に担ぎ込まれた松田隊員は、62キロあった体重が32キロまでやせ細り、手術室

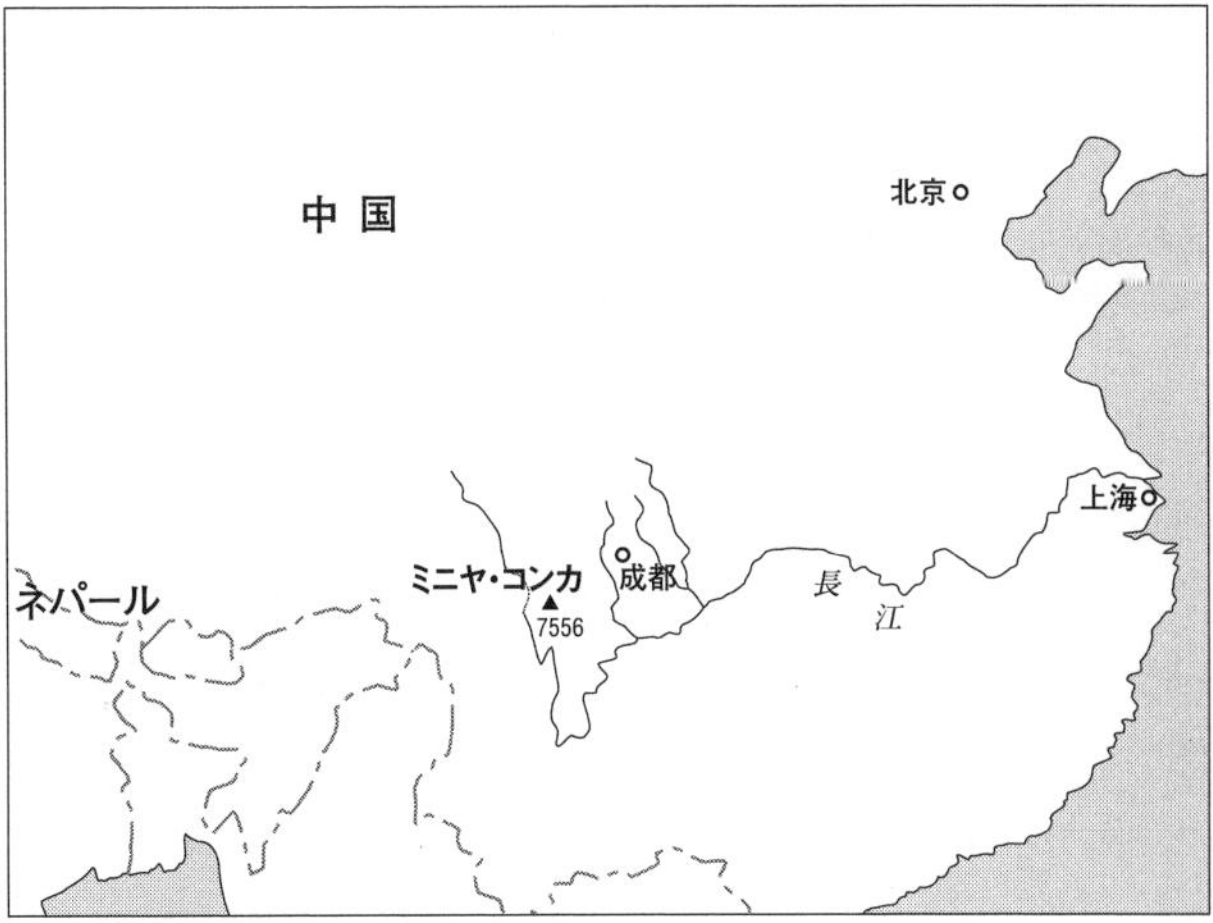

中 国
北京
上海
ネパール
ミニヤ・コンカ
7556
成都
長
江

のなかで意識を失った。

　この意識を失っているときに、松田隊員は不思議な夢を見たと著書『ミニヤコンカ奇跡の生還』に書いている。その夢によれば、松田隊員は古い山寺のお堂にいた。ガヤガヤと声がして、白い服の医者、赤い服の看護婦がいて、みなニコニコしていた。ドンシャラ音が鳴ってみんなが踊りだし祈禱《きとう》をするのだという。周りに正座していた医者たちがガヤガヤ口々にしゃべるが、何を言ってるのかさっぱりわからない。顔を見ると中国人だけでなくフランス人、イタリア人、ドイツ人、日本人もいる。松田隊員はその日本人に気づいてとっさに、まだ会ったことがないが名古屋で高山研究所を主宰している有名な原真医師だと思った。

「原先生、みんながなにをしゃべっているのか通訳してください」

「私たちは高山医学研究のために世界中から集まっているのです」

　と、ニコニコ顔で説明してくれた。

「あなたの病気は治ります。そのためにみんなで相談し合っているのです」と。

　その後、羊の群れが現われて松田隊員をどこかへ連れ去った、と書いている。

　松田隊員は腹部の切開手術中に15分間、心臓が止まっていたとあとで聞かされたという。その間、この不思議な夢を見た。ということは、夢で死後の世界を見てしまったのであろうか……。夢を振り返ってみると、原真医師だと思った人物は、原医師の弟、原武さんだと気づいたという。原武さんは、鹿島槍ヶ岳北壁に若い命を捧げた登山家で、『北壁に死す』という題の遺稿集がある。この腹部の切開手術後しばらくは、夢と現実を錯覚していて、執刀した中国人医師を原真医師だと思い込み「先生、先生」と日本語で話しかけていたという。

磨西で応急手当を受けてすぐ、成都の病院に移され、凍傷で壊死《えし》した両手足の切断手術を受けて一命をとりとめることができた。帰国後、リハビリを経て体力を取り戻し、ふたたび山に登っているという。

神秘と伝説の山

ノアの箱舟の山アララト

アララト（標高5165メートル）は、ドウバヤジットの北約25キロに位置するトルコの最高峰である。地元名ビュユクというこの山の頂上は万年雪に覆われている。大小ふたつの峰からなり、小さいほうは小アララトと呼んでいる。

西洋で、一番古くから知られた山はギリシャのオリンポス（標高2919メートル）と、このアララトである。この山は旧約聖書の『創世記』のなかで、ノアの箱舟が漂着した山と記されている。マルコ・ポーロも『東方見聞録』のアルメニアの項に、〈ノアの箱舟が大きな山の頂にあるのもこのアルメニアで、その頂上では決して雪がとけない〉と記している。

マルコ・ポーロの後、クラヴィホ、オドリコなど中世の旅行家もアララト山麓を通

り、この山と箱舟について記している。

　アララトが初めて登られたのは1829年（文政12）9月27日。ロシアの自然哲学教授フリードリッヒ・パロット博士によってだった。ロシア領の北西山麓から頂上に達した教授は、頂上に箱舟がないのは〈氷雪の下に埋められたからに違いない〉と著書のなかで述べている。

　1876年（明治9）にはゼームス・ブライスが単独で登頂し、標高約5000メートル付近で長さ1・3メートル、厚さ13センチの木片を発見した。17年後、ブライスの友人H・B・リンチもアララトに登った。

　その後、フランスの探検家フェルナンド・ナヴァラが18年間も文献を調べた後、密入国して無許可で3回もアララトに登った。3回目の1955年（昭和30）、頂上近くの氷河のクレバスのなかから木材を捜し出して持ち帰り、専門家に鑑定してもらった。その結果、木材はかなり古い時代のものだということが証明された。

　この山は、最近では制約も少なくなり誰でも入山できるようになっているが、旧ソ連とトルコとの国境にあることから、以前は簡単に登山許可がおりず、立入禁止にもなっていた。そんなことから、箱舟が見つかったが隠しているとの噂も流れたことがある。

1982年（昭和57）と翌年の2回、アメリカの宇宙飛行士ジム・アーウィンが探検隊を率いてアララトに挑んだが、失敗している。

アーウィンといえばアポロ15号で月面に立ち、そこで神の声を聞き、その後キリスト教の伝道師になった人物。アーウィンが属しているプロテスタントの南部バプティストの教義はきわめて保守的で、聖書に書かれていることはすべて真実としているという。信仰心が強いアーウィンがアララトに登れなかったのは、何か神の怒りにふれるようなことがあったのだろうか。それとも、菜食主義者になったという氏は体力が低下していて登れなかったのだろうか。確かに毎日オレンジ1個とバナナ1本の食事だけで5000メートルの高峰を登るのは、少々骨が折れるには違いないと思うのだが……。

アリストテレスが予言した山

紀元前350年、ギリシャの哲人アリストテレスは「ナイル河は白銀の山に源を発している」と言った。西暦150年、ギリシャの地理学者プトレミーも「ナイル河はふたつの湖から流れ、その湖の水は月の山に養われている」と述べている。

だが、赤道直下のアフリカに、万年雪をいただく高峰が存在するとは、長いあいだヨーロッパ人は想像すらしなかった。15世紀末になってアフリカ南西部のコンゴ川が発見され、その後、次第に奥地への探検が行なわれるようになったが、18世紀になってもまだ「月の山」の存在すら確かめられなかった。

謎の山ルウェンゾリを最初に見た白人は、イギリスの探検家ヘンリー・スタンレーだった。1888年(明治21)、スタンレー2回目のアフリカ探検のときだった。アルバート湖畔に立って南西の空を眺めていたスタンレーは、雪のように美しい雲を見つけて、「ああ、美しい雲だ。まるで雪の山のようだ」と思った。その直後、雲が晴れて山の姿がはっきりと現われた。

「山、山だ。本当の雪の山だ!」

スタンレーは、こうして長いあいだ伝説の山だったルウェンゾリを発見した。

スタンレーの発見後、W・G・ステヤース、F・スターマン博士、G・F・スコット・エリオットたちが次々と登攀を試みたが敗退。1905年(明治38)、フレッシュフィールドとA・L・マンムが東側のモブク渓谷から挑んだがこれも失敗した。

翌年、イギリスのウォラストンも挑戦したが、登頂はならなかった。ルウェンゾリの標高は5109メートルで、キリマンジャロ、ケニア山に次ぐアフリカで第3位の

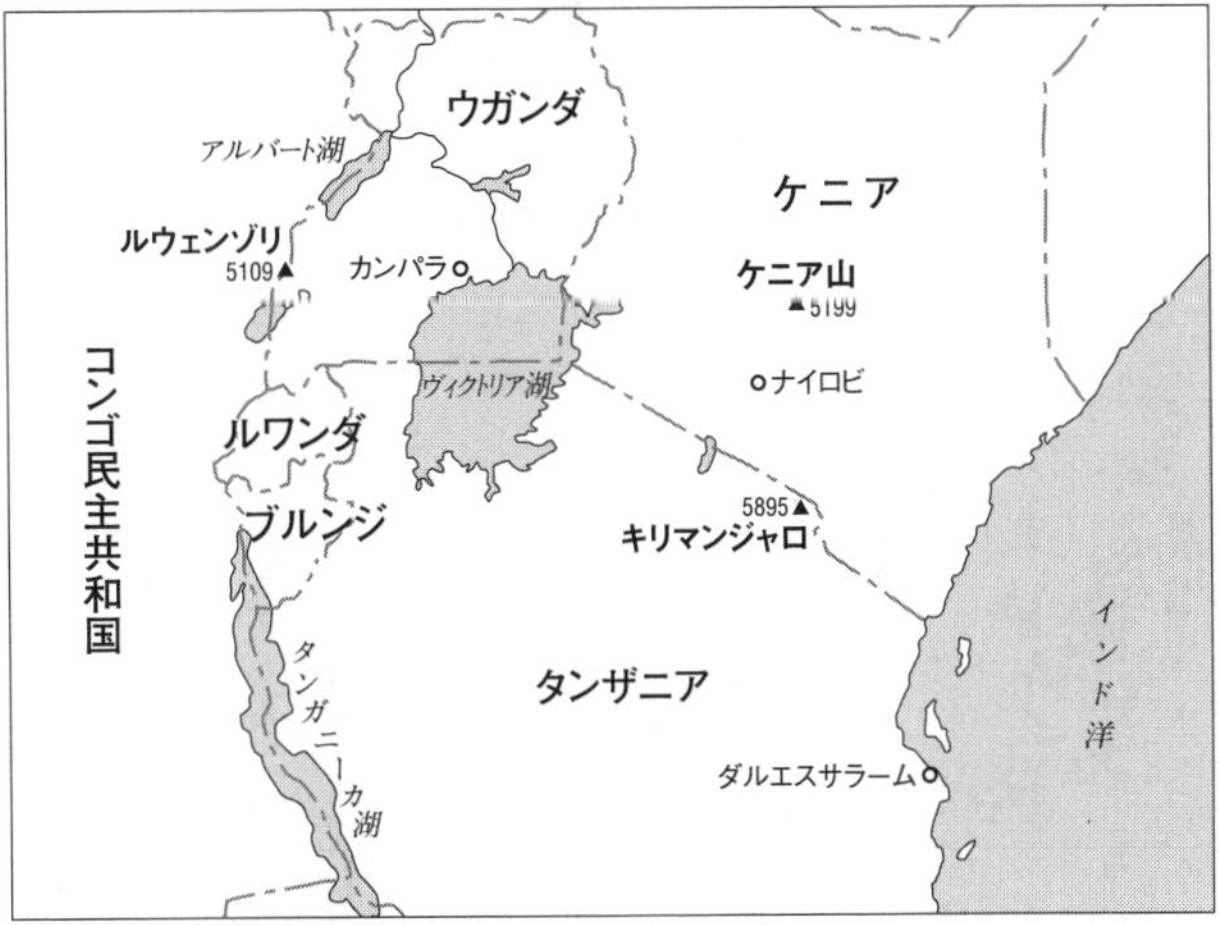
ウガンダ
アルバート湖
ケニア
ルウェンゾリ
5109
カンパラ
ケニア山
5199
コンゴ民主共和国
ヴィクトリア湖
ナイロビ
ルワンダ
5895
ブルンジ
キリマンジャロ
インド洋
タンガニーカ湖
タンザニア
ダルエスサラーム

山だが、海岸から1200キロも内陸に位置するため、一年中雲が山を包み、多量の雨をもたらす。ルウェンゾリとは「雨が降る場所」の意味だ。初期の探検隊はおしなべて悪天候によって退却を余儀なくされている。

1906年（明治39）4月、イタリアの探検家アブルッツィ公爵が大遠征隊を組織して伝説の山に挑んだ。イタリア人の隊員は12人だけだが、ウガンダのイギリス官憲300人余も加わった。ほかにポーターも含め総勢400人もの大部隊になった。

東アフリカのモンバサから汽車でナイロビを経てヴィクトリア湖のフカレンス港に行き、そこから蒸気船でエンテッペ港に渡った。港からルウェンゾリ山麓まで15日間、約200キロのキャラバンの後、モブク渓谷に到着した。

渓谷の奥は恐ろしい泥沼で、激しい雨が降りつづいていた。一行は標高2500メートル地点にキャンプを張り、氷河を登ってついに頂上を極めた。

ルウェンゾリは連山を形成していていくつものピークが林立している。アブルッツィ公はそれらの峰々に、スタンレー、スピークス、ベーカー、エミン、ゲシなどの探検家の名前と、マルゲリータ、アレクサンドラのイギリス、イタリアの女王の名を命名した。イギリス官憲の協力がなければ、この遠征は成功しなかったからである。

こうして伝説の「月の山」は征服された。だが、アリストテレスやプトレミーがなぜ、ギリシャから遠くはなれたルウェンゾリの存在を知っていたかという謎は残されたままである。

エベレストよりも高い山

インド測量局によって世界最高峰が発見されたのは1852年（嘉永5）。その後ずっと標高8848メートルのエベレストが世界最高峰とされてきたのだが、1960年（昭和35）までは、中国の崑崙山脈の東、ココ・ノール山脈の南にあるアムネマチンが、エベレストよりも高い山、と信じて疑わない人たちがいた。

1924年（大正13）、イギリスの探検家ジョージ・ペレイラ将軍がシルクロードを通り、黄河上流をさかのぼってアムネマチン連山を初めて目にし、測量した結果、標高8500メートルだった。翌年、ペレイラ将軍は、ふたたびアムネマチンに向かい、途中で病死している。

その後、フランス人のジュトルイーユ・ド・ランや、ドイツの探検家フィシュネルらが長い苦行のあげくアムネマチン山麓までたどり着いたが、周辺に住む凶暴なゴロク族によって虐殺されてしまった。ゴロク族は聖なる峰アムネマチンを護るため、近づくすべての外国人を虐殺してきた。

第二次大戦中、アメリカ軍の飛行機がインドから中国へ軍事物資を輸送中、アムネマチン付近を9000メートルの高度で飛行中、雲の上に突如、雪の山が現われてあやうく接触しそうになった。その山は飛行機よりもはるかに高かったので、高度計の故障かと調べてみたが、計器は正常だった。

この驚くべき目撃事件は、戦時中ということもあって機密にされてきたが、戦後になってニュースが流された。実はこのときまで、一度も詳しい測量がなされていなかったことから、アムネマチンは一躍注目されることになった。

まず1948年（昭和23）、アメリカの実業家ミルトン・レイノルズがアムネマチンの正確な高度を測量するための遠征隊を組織した。隊員にはオハイオ大学のリチャード・ゴールド・スエスト博士も参加していた。だが結局、レイノルズ隊は出かけはしたものの、上海で中国側とのトラブルから探検を中止して引き返してしまった。

翌年、アメリカのレオナード・クラーク大佐が探検隊を組織、充分な準備と大勢の護衛を雇ってアムネマチンに挑んだ。

5月5日、アムネマチン山脈北方の谷間にベースキャンプを設けた。案の定ゴロク族と銃撃戦も発生したが、強力な護衛が50人もいたので、なんとか追い返すことができた。

クラーク大佐はアムネマチンの〝謎の高度〟の測量にとりかかった。ゴロク族がいつまた襲ってくるか心配だったので、残念なことに充分な測量はできなかったが、大佐は帰国後、アムネマチンの測量結果をエベレストよりも193メートルも高い9041メートルと発表。新しい世界最高峰を誕生させてしまった。

当然、クラーク大佐の測量結果は世界の地理学者に信用されなかったが、大佐が著した探検記はベストセラーになり、日本でも『謎の山アムネ・マチン』の題名で出版されている。

結論が出たのは11年後だった。1960年（昭和35）になって、中国隊がこの山のII峰に登頂して主峰を測量したからである。中国登山隊（隊長・白進孝ら10人）にしてもアムネマチンは未知の山だった。偵察と試登を繰り返した後の6月2日、8人の隊員が登頂に成功。測量の結果7160メートルとされ、ようやく世界最高峰でないことが証明された。

その後1981年（昭和56）5月、日本から上越山岳協会登山隊（隊長・多田勇三）が遠征して、主峰の初登頂に成功している。

なお、アムネマチンは中国語で「阿尼瑪卿山」と表記され、高度は現在では628

2メートルと改定されている。なんとも人騒がせな山である。

ギアナ高地に実在したロストワールドの山

イギリスの作家コナン・ドイルのSF冒険小説『ロストワールド』は、名作として広く読み継がれている。日本の作家のなかにもこの作品の影響を受けて、田中光二が『ロストワールド2』を、山田正紀が『崑崙遊撃隊』を書いている。

ドイルの『ロストワールド』は、アマゾン奥地の隔絶された台地の上に、先史時代に跳梁跋扈《ちょうりょうばっこ》した恐竜や猿人が生き残っていた。そこへイギリスの動物学者チャレンジャー教授、比較動物学者のサマリー教授、探検家のロクストン卿、「ギャゼット」紙のマローン記者の4人が出かけて行って、手に汗握る冒険を繰り広げる物語だ。

物語中に出てくる謎の台地は、ギアナ高地のロライマをモデルに書かれたとされている。ロライマは、アマゾン河支流のネグロ川の源頭、ブラジル、ガイアナ、ベネズエラ3国が交わる国境上の深いジャングルのなかにそびえる標高2810メートルのテーブルマウンテンで、パカライマ山脈の最高峰でもある。山麓で生活を営むペモン族インディオたちはこの山を「悪魔の棲む山」として畏怖《いふ》している。

1973年（昭和48）、ドン・ウイランス隊長らイギリスの登山隊がロライマに挑戦した。ガイアナ側の、船の舳先《へさき》のようにそそり立つ数百メートルの絶壁を登攀するために、登山隊はガイアナ政府の全面的支援とイギリスのBBCテレビの後援を受けた。

登山隊はガイアナの首都ジョージタウンからボートとカヌーで、ワルマ川を遡行して底なしの泥沼が点在するジャングルに踏み入り、巨大ヒルが頭上から降ってきたり、猛獣や猛毒蛇が徘徊するなかを岩壁の下までたどり着いた。

岩壁には吸血コウモリが飛び交い、30センチもの毒グモやサソリがウジャウジャ這いまわっているなかを、ヒルティ社の電気ドリルで岩壁に穴を穿《うが》ち、埋め込みボルトを打ちながらのアクロバチックで壮絶な登攀の末、「嵐の頂上台地」に到達することができた。

この、すさまじい遠征記録がイギリスの雑誌『オブザーバー』の翌年1月号に掲載され、日本でも雑誌『岩と雪』38号に紹介された。筆者はイギリス隊の記事を読んで、ヒマラヤとは趣が異なるロライマに興味を抱いて遠征を決意し、それから11年後の1985年（昭和60）にベネズエラ側からの新ルート開拓に成功して念願を果たした。

ところで、実際にロライマに登ってみて感じたことだが、『ロストワールド』は本当にドイルが空想で書いたのだろうかと疑問に思うほど、ロライマをリアルに描写している。

たとえば、小説では、〈台地上に池があり、ダイヤモンドがある。岩は玄武岩で赤味をおびている。下界へ通じるトンネルがあり、チャレンジャー教授一行が台地へ渡る三角山がある〉などと書かれている。

実際に台地上にはいくつかの池があり、ダイヤのかわりに水晶がたくさん（トラック数台分）散在している。岩質は、岩壁がピンクの硬質砂岩で、台地上は黒っぽい玄武岩だった。

台地の岩盤には、いたるところに浸蝕による底なしの割れ目が走り、雨水は割れ目のなかにいったん消え、岩壁の途中からふたたび噴き出していたりする。テバシンと呼ばれる岩塔が台地南端にある。小説では三角山と台地との距離は12メートルだが、実際には100メートル近いギャップなので渡ることは不可能だが、三角山は実在した。

ドイルは『ロストワールド』を書く3年前から古生物学に興味を示して、イギリス南部のクロウボロに移り住んで執筆に専念していた。そのドイルが、なぜロライマをこんなに詳しく知っていたか？

アマゾン奥地のギアナ高地に
不思議な世界を展開するロライマ

筆者が登ったとき、
ロライマの山頂の岩の上には、
不思議にもくっきりと靴型が記されていた

実はロライマは、『ロストワールド』が発表される以前に、イギリス人によって初登頂されていたのだ。その記録が英国山岳会の古い会報『アルパイン・ジャーナル』1895年版に掲載されていた。

それによれば、ロライマが初登頂されたのは1894年（明治27）。英国地理学協会と英国学術協会に委託されたイギリス人のエヴァラード・イム・サーンと、王室測量官補佐のハリー・パーキンズ、それにシーダルというランの蒐集家《しゅうしゅうか》の3人が、12月18日にベネズエラ側からの初登頂を果たしていた。イム・サーンは、当時のイギリス領ガイアナの行政長官でもある。

つまり、ロライマはイギリス人によって登られ、『ロストワールド』が発表されたのはその18年後ということになる。ドイルはロライマ初登頂の記録が掲載された英国地理学協会の会報か『アルパイン・ジャーナル』を読み、さらに初登頂者の1人に手紙を出してロライマのことを詳しく尋ねた可能性も充分考えられる。

筆者らが登攀したルートは、イム・サーンらが初登頂したルートから約1キロ離れた南西壁で、初登頂ルートは、現在では一般ルートとして登山者に利用されている。

なお、筆者たちのあと日本からロライマへは1988年（昭和63）にテレビ朝日取材班が初めて訪れ、その後テレビ各局が秘境番組制作のため入山したほか、2002

年（平成14）には早稲田大学探検部が探検に出かけている。

崑崙の謎の山ウルグ・ムスターグ

中国の中央部、新疆《しんきょう》ウイグル自治区とチベット自治区、青海省にまたがる東西2500キロの大山脈が、アジア内陸部最後の秘境、崑崙山脈である。とりわけ東崑崙は中国政府が長いあいだ入山を制限したため、謎のベールに包まれたままだった。

この東崑崙の最高峰はウルグ・ムスターグで、山名は、1893年（明治26）にフランスの探検家グレナールが命名。標高は、1895年（明治28）にイギリス人のリットウルデールが測量して7723メートルとした。その後、6556メートル、6973メートルなどと変わり、どれが正しい標高なのかも謎だった。前記のアムネマチンもそうだが、標高が定まらない山は近づくことが困難すぎるか、入山を制限されていたからかのどちらかで、ウルグ・ムスターグは後者だった。

ところが、1985年（昭和60）、アメリカと中国の合同登山隊がウルグ・ムスターグに登り、標高も測定し、有史以来、謎のベールに包まれていたこの山と周辺の様子が初めて明らかにされた。

アメリカ側は、この遠征がすんなり実現できたのではなかった。11年間にわたる中国政府との外交交渉の末にようやく取得した登山許可だった。アメリカ側の名誉委員長は当時のジョージ・ブッシュ副大統領がつとめ、標高測定にはアメリカの人工衛星を利用した。ロバート・ベイツ隊長はじめ隊員は8人、地質学者も加わっていた。中国側は王振華隊長ら14人の隊員が参加、支援隊を含めて総勢56人の大部隊だった。

10月2日、登山隊は5200メートル地点にベースキャンプを設け、10月21日にウルグ・ムスターグの初登頂を果たした。この山の頂上には、主峰、副峰、北峰、南峰の4つのピークがあり、最高峰主峰の標高は6985メートルと測定された。

登山隊は、登山と測量を通じて、さまざまな珍しい動物に出会った。オオカミ、ユキヒョウ、オオヤマネコ、ノウサギ、キツネ、チベットノロバ、野生ヤギ、チベットカモシカ、ヒグマなどである。また、周辺の遊牧民から、驚くべき情報も得た。二本足で歩く、長い体毛の巨人「大脚怪《だいきゃっかい》」の目撃談を聞き、足跡も発見した。また、中国版ネッシーというべき「水怪」と呼ばれる怪物の目撃談も聞いた（後述「山の怪物」参照）。

遊牧民がある日、周囲300キロの大淡水湖アヤクク湖に水を汲みに行き、水桶を下げて戻ろうとしたとき、突然背後で水音がしたのでふり向くと、古代恐竜に似た首

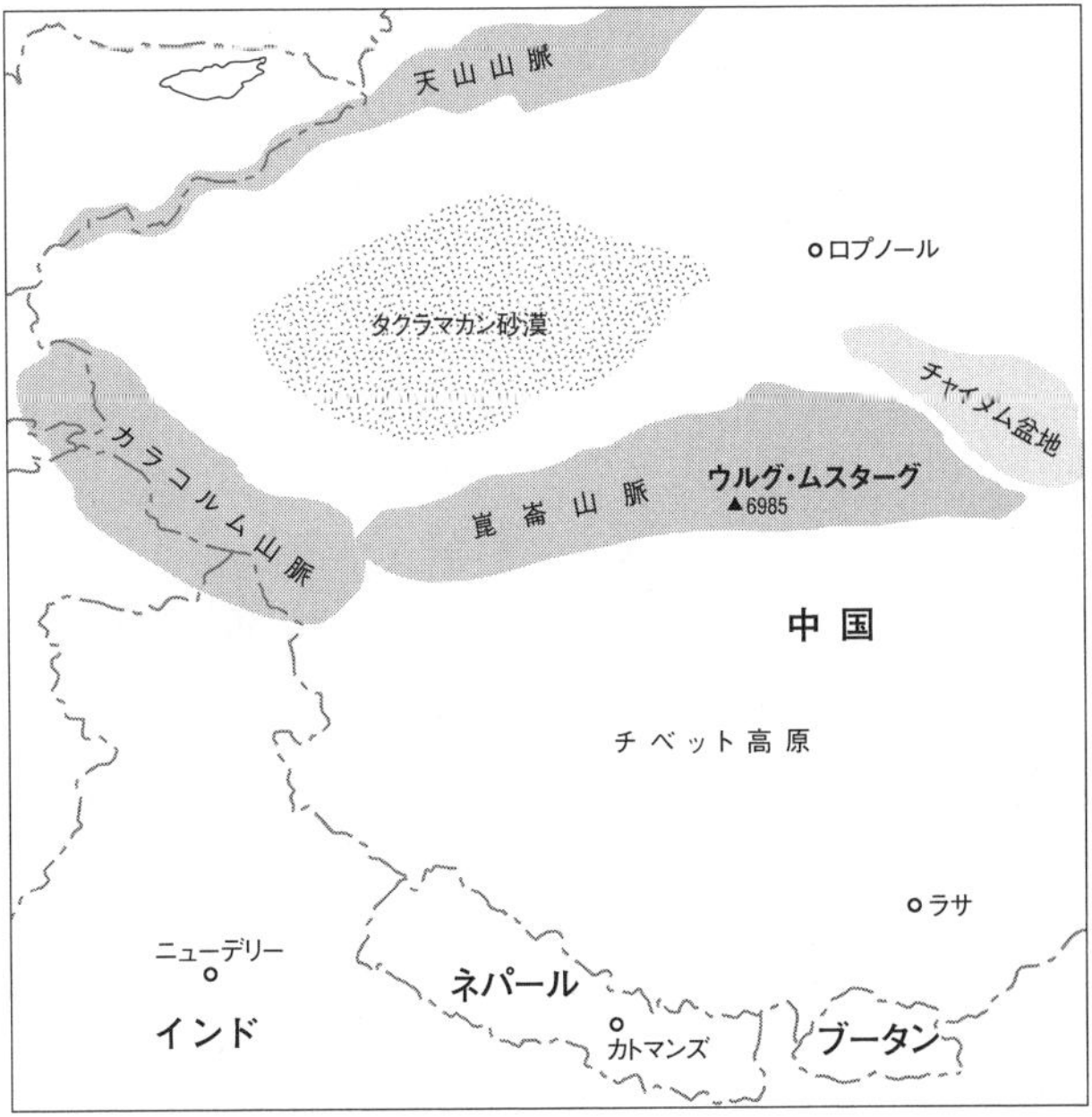
天山山脈
ロプノール
タクラマカン砂漠
チャイメム盆地
カラコルム山脈
崑崙山脈
ウルグ・ムスターグ
▲6985
中国
チベット高原
ラサ
ニューデリー
インド
ネパール
カトマンズ
ブータン

の長い怪物が、首を水面に出して恐ろしい奇声を発したので逃げ帰った。

また、「魔鬼谷」といういかにも恐ろしい名の峡谷で起きた怪現象のことも明らかになった。

かつて魔鬼谷は毎年、遊牧民や採鉱夫、猟師などがやってきて賑わっていたが、ひとたび風が吹きはじめると、見る間に一面に黒雲がたれこめ、雷鳴がとどろき、青く光る火が閃《ひらめ》き、人間も家畜も野生動物までもが焼死するという惨劇が繰り返されたので、今では恐ろしがって誰一人近づく者はいなかった。

登山隊がこの峡谷に立ち入ったとき、なぜか無線交信が不能になり、峡谷から出ると正常に戻ったりしたという。

このように、東崑崙は夕クラマカン砂漠とチベット高原にはさまれて容易に近づくことができない秘境である。秘峰ウルグ・ムスタ一グの標高こそ明らかになったが、まだこのほかにも予想もしていない謎がたくさん秘められているに違いない。

第3章 伝説と怪談

第3章では、数多い山の伝説・伝承を渉猟《しょうりょう》するが、特に古くから各地に伝えられてきた「猫又」と呼ばれる怪猫の伝説も取り上げた。「猫又」という言葉は聞いたことがあっても、それ以上は知らない人が多いと思う。「猫又」の伝説がどのように誕生し、今に伝えられてきたかについても推理してみた。

さらに、テレビでたびたび放映されている埋蔵金について、その伝説地を、14ヵ所選んで紹介した。ほとんど目的の財宝が発見されていないにもかかわらず、根強い人気を保っているのは、やはり、黄金の輝きが不思議な魔力を秘めているからかもしれない。

旅人や登山者が、人里離れた寂しい山や峠で、にわかに激しい空腹におそわれて動けなくなる「ヒダル神」の伝説についても、また、山中で登山者が味わった身も凍る体験も取り上げている。

吹雪の避難小屋で登山者が見た夢や、山小屋で消したはずのローソクがいつの間にかともっていた話、閉めた扉が知らないうちに開いたり……という不思議な現象の数々は、何か得体の知れない不気味さを感じさせる。

山の伝説伝承

猫又伝説の謎

日本にヤマネコはいなかったといわれている。けれどもなぜか〝ネコ〟の字がつく山が多い。石川県の猫ヶ岳、岩手県の猫ヶ森、長野県の根子岳、山形県の猫岳、熊本県の根子岳、広島県の猫山、鳥取県の猫山、岩手県の猫山、猫魔ヶ岳、福島県の猫鳴山、福岡県の猫峠、鹿児島県の猫岳、岐阜県の猫峠、富山県の2つの猫又山、などである。

これら猫（根子）の字がつく山には「猫又」の伝説が多い。猫又というのは、尾が二股に分かれた老猫で、化けることができ、人間や家畜を殺傷する怪物。吉田兼好の『徒然草』や藤原定家の日記『明月記』にも、猫又が現われて人間が食べられた、と記されている。

熊本県の阿蘇地方には、家に飼っている老猫も猫又になるという伝説がある。猫が、襖《ふすま》の陰で人間の話に聞き耳を立てるようになったら、捨てなければならない、といわれているという。

昔、武家屋敷で飼っていた老猫が、ある日失踪し、その猫をかわいがっていた女中の前に若い娘が現われ、

「私はあなたにかわいがられた猫です。お礼がしたいので私に背負われて目をつむってください」と言われ、そのとおりにすると、女中はいつしか阿蘇の根子（猫）岳に連れていかれ、老猫たちにご馳走になり、小袖《こそで》を一枚みやげにもらって帰った。これを聞いた奥方は、「主人である私を招かぬとは恩知らずな猫だ」とののしった。するとしばらくして、例の若い娘が現われて、今度は奥方を根子（猫）岳に連れていった。そして老猫たちが奥方をとり囲み、「おまえは猫をいじめた」と喉笛をかみ切ったという。

1968年（昭和43）12月8日、富山県魚津《うおづ》市貝新田の山田源平さんが山のなかで茶色の大猫に襲われるという、猫又伝説そのままの事件が起きた。

富山県には前記のように猫又山という名の山が下新川郡宇奈月町（現・黒部市）と魚津市とにあり、猫又伝説の本場でもある。

山田さんが炭焼きの仕事で東山に行くため山道を登っていると、杉の木の上から大猫が襲ってきた。山田さんは持っていた長さ2メートルの棒で格闘の末、大猫を打ち殺した。体長は68センチ、尾の長さは22センチだった。

富山県林政課は、山田さんの報告を聞いて、もしかするとヤマネコかもしれないと、国立科学博物館に鑑定を依頼した。本州でヤマネコは発見されていない。もしこの大猫が新種のヤマネコだったら学界の定説をくつがえし、イリオモテヤマネコに匹敵する大発見になる。

鑑定の結果は、家猫が野生化したものと断定され、一件落着となったが、はたして家猫が野生化したとはいえ人間を襲うだろうか。温暖な気候を好む猫が、雪国の山になぜ生活の場を求めたのかと、疑問は残る。

雑誌『山と溪谷』１４５号に、谷川岳肩ノ小屋の元経営者の吉田貞次さんが、谷川岳で何度もヤマネコを目撃したことを書いている。上越地方はヤマネコの伝説もあり、目撃例も多いといわれている。

吉田さんが肩ノ小屋で生活していたある夏、登山者が首のないウサギの死骸をいくつも発見して持ちこみ、一緒に食べた。

土砂降りの朝、吉田さんが北側の窓を見ると、窓ガラスにピッタリ体を寄せているヤマネコがいた。獰猛《どうもう》な顔つきで吉田さんの動作を凝視して警戒していたが、眼をそらした一瞬のスキにクマザサの繁みへ消えた。

秋になり、小屋の前の万太郎沢の溝に、首と胸と前肢のないウサギの死骸があった。翌日行ってみると、胴体がなくなっていて両足だけ残っていた。次の日、片足だけになり、やがて全部なくなった。

雪が降り冬になると、ヤマネコの姿は見えなくなった、という。

谷川岳の肩ノ小屋は、山頂近くに建っている。家猫が遠出するのには、絶望的に高くて遠い位置にある。が、富山県の猫又山近くで山田さんを襲ったのは、ヤマネコではなく家猫が野生化したのだという。

とすれば、家猫だとしても、500年、1000年もの長いあいだに自然環境に適応し生息繁殖した結果、人間をも襲う野性を取り戻し、人々から恐れられるようになって猫又伝説が生まれた、とは考えられないだろうか。

埋蔵金伝説の謎

日本列島には、全国各地に埋蔵金の伝承・伝説がある。黄金の国ジパングにふさわしく、北は北海道から南は沖縄まで100ヵ所も知られている。未発見の財宝は時価1000兆円に達するとみられ、私財を投げ打って黙々と発掘している人たちもいる。

これまでの埋蔵金発見の最高額といえば、1963年（昭和38）に東京都中央区新川の改築工事中に見つかった天保小判1900枚と二朱金7万8000枚の合わせて時価6000万円。現在だと10億円くらいかも？　江戸時代にこの地で酒問屋を営んでいた鹿島清兵衛の子孫が名乗り出て、見つかった埋蔵金は返還されている。

財宝の多くはほとんど見つかっていないにもかかわらず、人々を魅了してやまない。このようにたくさんの埋蔵金伝承・伝説が存在すること自体がおおいなる謎でもある。

全国の主な埋蔵金伝説14ヵ所について概要を紹介してみよう。

①赤城山（群馬県）徳川幕府の御用金

大老・井伊直弼《なおすけ》が、開国による黄金の海外流出を防ぐため、御用金360万両を赤城山に埋めたと記された「大義兵法秘図書」が残されている。

②多田銀山（兵庫県）豊臣秀吉の黄金

秀吉が、金山奉行の幡野三郎光照に命じて4億5000万両を多田銀山に埋蔵したとされる古文書が、三重の亀井家から発見されている。

全国各地の埋蔵金伝説

① 赤城山・徳川幕府の御用金
② 多田銀山・豊臣秀吉の黄金
③ 帰雲山・帰雲城の黄金
④ 剣山・ソロモン王の秘宝
⑤ 天草下島・天草四郎の財宝
⑥ 千軒岳・武田信広の軍資金
⑦ 箱根仙石原・大久保長安の黄金
⑧ 鍬崎山・佐々成政の軍用金
⑨ 黒川金山・武田信玄の軍資金
⑩ 宝島・キャプテン・キッドの秘宝
⑪ 猿ヶ京・徳川幕府の御用金
⑫ 上野山・彰義隊の御用金
⑬ 結城城址・結城晴朝の埋蔵金
⑭ 恵庭岳・源義経の軍資金

③帰雲山《かえりくも》（岐阜県）帰雲城の黄金

飛騨白川郷の城主・内ヶ嶋氏理《うじはる》の帰雲城が、1585年（天正13）に起きた山津波のため1000人以上の住民もろとも土砂に埋められた。当時、庄川では砂金が採れ、上流には6ヵ所の金山と1ヵ所の銀山があった。

④剣山《つるぎ》（徳島県）ソロモン王の秘宝

標高1955メートルの剣山に、旧約聖書に出てくるソロモン王の秘宝が埋められていると『ヨハネ黙示録』から推理したのは、聖書研究の世界的権威である高根正教博士。

⑤天草下島《あまくさ》（長崎県）天草四郎の財宝

1638年（寛永15）、天草四郎とキリシタン農民3万7000人が、幕府の征討軍12万と戦ったとき、旧天草領主小西行長の遺臣が、黄金の十字架など時価数十億円の財宝を天草下島の三角池に埋めたと伝えられている。

⑥千軒岳《せんげん》（北海道）武田信広の軍資金

松前藩主の武田信広がアイヌから奪った砂金と黄金を千軒岳に隠し、「子孫以外の者が手をふれたら、ただちに命を断て」との呪いが込められているという。アイヌの反乱に備えての軍資金だったらしい。

⑦箱根仙石原（神奈川県）大久保長安の黄金

徳川家康の金山奉行だった大久保石見守《いわみのかみ》長安が1613年（慶長18）に急死。その直後、長安の屋敷を取り調べたところ、全国の金山から集められた黄金の半分を箱根仙石原に隠した、と記した秘密文書が発見された。そのため、長安の死骸と家族まで磔刑《たっけい》に処された。

⑧鍬崎山《くわさき》（富山県）佐々成政の軍用金

徳川家康と手を結んで秀吉を討とうと密かに冬の北アルプスを横断した富山城主の佐々成政は、このとき、100万両の軍用金を運んだが、途中、豪雪に行く手をはばまれて鍬崎山に隠したとされている。

⑨黒川金山（山梨県）武田信玄の軍資金

甲斐《かい》の武将・武田信玄は日本有数の金の産出量があった黒川金山を突如閉鎖。穴山梅雪に命じて鶏冠山《とさか》に大量の黄金を埋蔵したとされている。

⑩宝島（鹿児島県）キャプテン・キッドの秘宝

17世紀後半に海賊として活躍したキャプテン・キッドの秘宝が、薩南諸島の宝島に隠されているという。島の名前からして黄金がありそうだが、実際に江戸時代には鉱山があったようだ。島の中央部ヒルコウ岳の鍾乳洞のなかに、キッドが奪ってきたくさんの財宝が隠されているという。

⑪猿ヶ京（群馬県）徳川幕府の御用金

①の幕末に、徳川幕府が赤城山に隠したとされるのはオトリで、本当は利根郡みなかみ町猿ヶ京の国道17号線沿いの宿場跡に7万5000両が埋蔵されたという説もある。地元の猿ヶ京温泉では「埋蔵金発掘ツアー」が実施されたという。

⑫上野山（東京都）彰義隊の御用金

官軍の江戸進撃に備えて、幕府の金座、銀座から小判17万両を運びだし、上野の寛永寺と幕府御用達《ごようたし》植木屋伊藤七郎兵衛の邸内（三河島）に埋蔵したとされている。

⑬結城《ゆうき》城址（栃木県）結城晴朝の埋蔵金

頼朝の命で奥州を滅ぼした恩賞として財宝（黄金の延べ棒5万本と砂金108樽）を手中にした結城家は、城主結城晴朝の越前福井への国替えにあたって財宝を隠したとされている。晴朝の死後、徳川家康が福井城や結城城址を探索させたが財宝は見つからず、その後も吉宗が大岡越前守に命じて探すも未発見。小山《おやま》市の金光寺山門に彫られた和歌に、財宝の隠し場所のヒントが詠まれているという。

⑭恵庭《えにわ》岳（北海道）源義経の軍資金

義経が北海道へ落ち延びたという伝説は、東北・北海道に多い。義経が本当に逃げ切れたか疑問だが、義経軍の残党が落ち延びたのは確実。この集団が再起を図り、千歳市恵庭岳の北斜面と熊の沢に軍資金を隠したとされている。

以上の埋蔵金伝説地は、いずれも歴史に興味がある人にはぜひ訪れてみたくなる場所ばかりである。

ヒダル神の伝説

登山中に山道や峠などで、にわかに空腹をおぼえてガマンできなくなり、脂汗が滲み気力が萎《な》えて歩けなくなることがある。これを「ヒダル神に憑《つ》かれる」という。

もちろん単なる疲労や空腹のこともあるが、ヒダル神に憑かれた場合、そのまま放っておくと死んでしまうといわれている。何か一口でも食べればおさまる。山に登るとき弁当を少しだけ残しておけ、という古くからの言い伝えは、このヒダル神に憑かれたときのためなのだ。

ヒダル神の呼び名は地方によって異なる。奈良県では「ダル神」、愛媛県では「ジキトリ」、高知県では「カキ」「ヒンド」、山口県では「ヒモジイサマ」、和歌山県では

「ダニ」と言い、東日本では「餓鬼に憑かれる」と言っている。

餓鬼とは、『広辞苑』に〈仏教用語で、悪の報いとして餓鬼道に落ちた亡者で、喉が針のように細くて食べ物が喉を通らず、痩せて、常に飢餓に苦しむ〉と出ている。

この、餓鬼やヒダル神の正体は、山や峠で行き倒れになった人たちの亡霊が、死後成仏できないで山野をさまよい、通りがかりの人にとり憑いて飢渇を訴えているのだとされている。また、山に登るときには弁当の箸は食後かならず折って捨てて帰らないと餓鬼が憑いてくる、山で残した弁当も家まで持ち帰るな、ともいわれている。昔は行き倒れが多かったことから生まれた伝説なのだろう。

誰でも、山道や峠で急に空腹に襲われた経験が一度くらいはあろう。それはみーんな、ヒダル神に憑かれたからなのだ――！

山の怪談

吹雪の避難小屋

1941年（昭和16）の正月、K山岳会の合宿は長野県の某山岳だった。メンバーのAさんとBさんの2人パーティは登頂後、少し下ったところに建つ避難小屋に着いた。近くにテントを張る予定だったが、あまりにも吹雪が激しいので、避難小屋のなかにテントを張った。

小屋のなかとはいえ、陽が沈むと気温はマイナス17度にも下がった。夕食後、8時すぎにはシュラフ（寝袋）に潜り込んだものの、寒くてすぐには寝つけなかった。いつしか眠りについたAさんは、ふと異様な気配を感じて目がさめた。誰かがブツブツ言いながらゴソゴソ音がする。Bさんが奥、Aさんは手前に並んで寝ているから、誰かといってもBさんに決まっている。シュラフから顔を出してみる気にならなかったが、ジッと耳を澄ますと、ゴソゴソうごめきながら、聞きとれない声でブツブツつぶやいている。

何か変だ、と感じたAさんはシュラフから出て、マッチを擦ってローソクをともして愕然《がくぜん》とした。驚くことにBさんが、パンツ一枚でシュラフの上に座っているのだ。青ざめた顔に唇は黒ずみ、目はウツロでブルブルふるえている。そして、しきりにブツブツ聞きとれない言葉でつぶやいている。

AさんはBさんの肩を強くゆすりつづけ、しばらくして正気に戻ったBさんは、「寒い、寒い」と急いでシャツを着はじめた。時計は午前1時を少し回っていた。

熱い紅茶をつくって飲んで落ち着いてから、Bさんが見た不思議な夢のことを話しだした。

眠っていたBさんは息苦しくて目をさますと、見知らぬ男が馬乗りになって首を締めつけている。メガネをかけた色白の22～23歳の男だった。鳥打帽をかぶり、霜降りの上着に茶色のニッカーボッカーをはいていた。馬乗りの男をはねのけようとするが、シュラフのなかで身動きできない。強い力で押さえつけるその男は、

「わたしは凍え死にそうに寒いのに、君はシュラフに入って暖かいだろう。その上着だけでも貸してくれてもいいだろう！」

と言う。そこでBさんは、

「よし、いいだろう」

とシュラフから抜け出して上着を脱いで男に渡したところ、「まだ死ぬほど寒いから……」とズボン、シャツ、ズボン下、と次々と執拗にせがみ、とうとうBさんはパンツ一枚になってしまったのだという。

夜が明け、2人は山麓に下ってから、地元の人にこの夢のことを話した。するとその人は夢の男の人相や服装、避難小屋で寝ていた位置まで詳しく聞いてから、語りだした——。

去年の4月、東京からひとりでやってきた登山客が、山頂へ向かったあと天候が崩れて吹雪になった。その人はてっきり反対側に下山したものと思っていたところ、6月になってから、避難小屋で、ムシロをかぶって凍死しているのが発見された。その人はメガネをかけ、鳥打帽をかぶり、霜降りの上着に茶色のニッカーボッカーをはいていて、さらに凍死していた位置はBさんが寝ていたのとピッタリ一致するということだった。

この話を聞いたAさんとBさんは、背筋が冷たくなった。それからは、霊魂の存在を信じるようになったという。

真夜中にともる消したはずのローソクの灯

山梨県の大菩薩嶺（標高２０５７メートル）で、小林章さんが体験した恐ろしい出来事を、雑誌『山と溪谷』１４４号に書いている。

太平洋戦争開戦の年の晩秋、まだ19歳だった小林さんは４人の仲間と一緒に、当時人気があった山、大菩薩の泉水谷に入った。全員が山登りの経験も浅かったので、途中で道に迷ったりの悪戦苦闘の末、夕方になって壊れかかった掘っ建て小屋を見つけた。一夜の雨露を避けるには好都合だった。

羽目板が破れていたりしたが、広さは6畳ほどで、４人のグループにはちょうどよかった。夕食後、持参したシートを敷いて各自横になった。小林さんは１本のローソクをともして地図を調べて一番最後まで起きていた。やがて昼間の疲れが出て眠くなり、ローソクを消して眠りについた。

どのくらい眠ったろうか、ふと、隣に眠っていた友人が小林さんの肩をゆり動かし、うわずった声で呼んでいた。ガバッとはね起きて目を疑った。なんと名前を呼んでいた友人は隣でぐっすり眠っていたのだ。友人にしがみつくと、友人は寝呆けまなこで迷惑そうに「どうせ夢でも見たんだろう」と言い、小林さんもそのときは、そうか、

と思った。

だが、冷静に考えてみると、何かヘンだ。そうだ、ローソクだ。確かに消したはずのローソクが、なぜかともっている。いつ、誰がマッチを擦ってつけたんだろう。仲間たちは皆、寝息をたてて眠り込んでいる。疑問を抱きつつも、ローソクを消してふたたび眠りについたものの、何かの拍子にまた目がさめた。と、今度もローソクがともっている。今度こそ小林さんは青ざめてしまった。

ところが、さらに驚くべきことが起こったのだ。見つめているとローソクが、炎の根元が溶けて流れ落ちないばかりか、逆にジリジリと上に伸びているのだった。

恐怖に耐えきれず、小林さんは叫び声をあげてしまった。

熟睡中だった仲間たちはビックリして起き、説明を聞いて、皆の顔からもスーッと血の気が引いた。もはや眠るどころではなく、全員が部屋の隅に寄りかたまって夜が明けるまでローソクを凝視することにした。

ローソクはまるで勝ち誇ったように、ジリジリ、ジリジリと背を伸ばしていくようだったという。

小林さんは文末に、自分の体験について、科学万能の20世紀に幻覚を見たか精神に異常をきたしたのかと思われるかもしれないが、現実の世のなかは不思議に満ちている。不合理なことはあり得ないと断定することは人間の傲慢《ごうまん》である、と結んでいる。筆者も同感である。

深夜ひとりでに開いた山小屋の扉

ある中級山岳の山小屋での話。

笛木弥一郎さんは、山の麓に住み、植物を調べるのが趣味で、よく利用する山小屋があった。小屋の主人とは親しい間柄だった。

ある年の紅葉が美しい10月上旬、笛木さんがいつものように小屋に登っていくと小屋の主人に、

「ちょうどよかった、待っていたコ」

と小屋の留守番役を頼まれた。従業員が用事で家へ下りたので、小屋を空けられなかった主人は、笛木さんがやってきたことを喜んだ。ちょうど泊まり客がなく、2晩だけというので、「いいよ」と引き受けた。

小屋の主人はもどかしそうに急いで下山していき、笛木さんは大きなストーブに薪を足して赤々と燃やし、大釜の湯を沸かした。ひとりきりになると人恋しくもなる。

ひとりくらい登山客が泊まりに来ないかなとも思ったりした。

お酒の助けもあって、早めにグッスリ眠っていると、ふと窓が開いた気配がして白地に黒縞の浴衣を着た男がスーッと音もなく枕許に立った。

体が動かなかったが仰向けに寝たまま見上げると、目も口もないノッペラボウの顔があった。

「誰だ！」

と叫ぼうとして夢からさめた。

枕許の懐中電灯で窓を調べたが異常はない。それからは目が冴えて眠れなくなり、小用をおぼえて鞘山刀《さやなた》を腰に持って土間に下りた。すると、どうしたことだ。ストーブに近い入口の木製の扉がいっぱいに開いている。確かに閉めたはずなのに、と思うとゾーッと背筋が冷たくなった。

扉の外に出てみると人の気配はなく、星空が広がっていた。外気にあたって気持ちも落ち着いたので、ストーブに薪をつぎ足して、ふたたび眠りについた。

小屋の主人が戻ってきてから、夢の話をすると、

「それは夢じゃねえ、本物だぜ」

と真顔で言った。1年前にこの近くで5人が遭難し、遺体を荼毘《だび》に付した。そのと

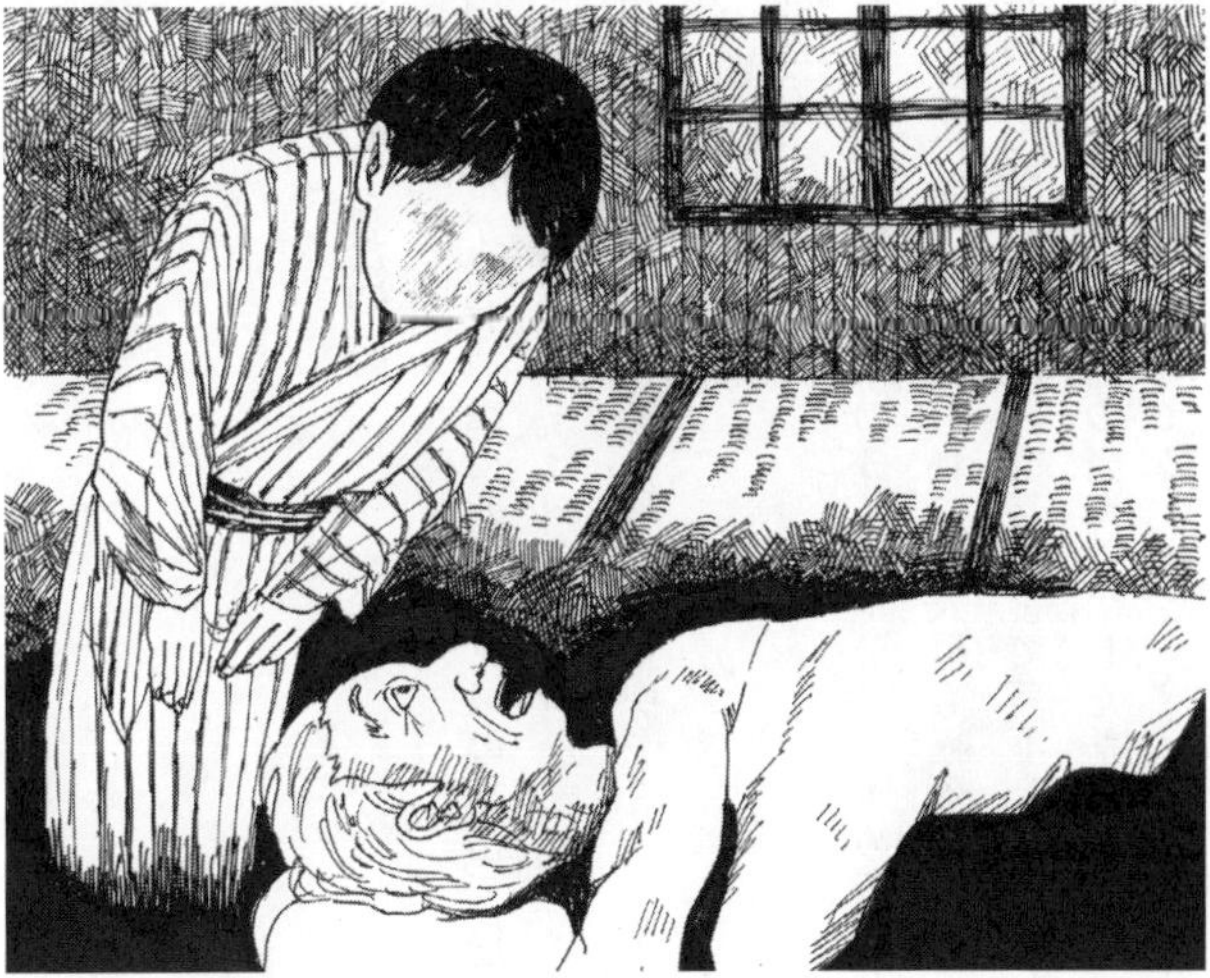

き、主人が犠牲者の顔に白いガーゼをかぶせたのだという。

笛木さんは夢のなかで見たノッペラボウの顔を想い浮かべ、背筋が冷たくなるのを感じた。

テントのなかに押し入った幻影

山岳ガイドの次田経雄さんが、若い頃に北アルプスの剱岳《つるぎ》で体験した恐怖について雑誌『山と溪谷』（580号）に次のように紹介している。

1963年（昭和38）8月、北アルプス剱岳（標高2999メートル）の〝三の窓〟の近くでひとりでテントを張っていた（〝三の窓〟の「窓」というのは、岩場で窓のように両側が切り立った鞍部《あんぶ》のこと）。

この日、午前10時頃、岩壁を登攀中の3人パーティを眺めていたところ、突然トップで登っていた1人が墜落し、引きずられて2人目も転落。3人目は寸前にザイルが切断して転落はまぬかれたが、2人は岩壁基部まで落下して死亡した。

次田さんはこの夜、昼間の事故を目の当《ま》たりにしたためか、シュラフに入ってもなかなか眠れなかった。やっとまどろみはじめたとき、近くで落石の音が響いて目がさ

剱岳の岩壁

めた。

ふと、真っ暗なテントのなかに人の気配がした。夜中に他人のテントに断りもなく入るとは、とんでもないヤツだと思いながらも、夢かもしれないと目を閉じた。が、気になって目を開いて闇を透かしてみると、無言でうずくまる黒い影がテントのなかに見分けられた。

黒い影が近づいてきた。異様な空気にシュラフを蹴って飛び起きようとしたとき、一瞬早く、影が次田さんを押し戻して押さえ込んでしまった。正体不明の相手は馬乗りになって、強い力で首に手を押しつけてきた。

薄れゆく意識のなかで、相手の顔がボンヤリ見えた。どうやら昼間目撃した墜落事故の犠牲者の1人の顔のようだった。ふいに、ふたたび落石音が響いた。とたんに相手の圧力が軽くなった。次田さんはとっさに反撃に転じ、得意のトモエ投げで影を投げ飛ばし、反動で起き上がった。

テントのなかには誰もいなかった。が、相手を投げた手ごたえが残り、喉元が異常にむせっていたという。

テントの外に出ると星空が広がっていた。次田さんは先ほどの出来事が夢や幻覚とは思えなかった。あまりにもリアルで不思議な体験だったからだ。

ウペペサンケ山の怪異

アイヌ語で「雪解け水が増水して流れる川」を意味するウペペサンケ山（標高1848メートル）の山麓は、人造湖が造られ、温泉が開発され、鉄道が通じる以前の大正の頃、一帯は人跡未踏の密林地帯だったという。その頃、音更《おとふけ》川沿いに開拓民のあいだで語り継がれている身の毛がよだつ怪談を、作家の瓜生《うりゅう》卓造が『世界の秘境』という雑誌に紹介している。

開拓民のMさん夫婦には6歳の息子がいて3人暮らしだった。ある年の、初雪が降った日の夜遅く戸口を叩く音がした。妻は前日から里へ下っていた。Mさんが戸を開けてみると、年の頃25〜26歳の見知らぬ青年が立っていた。服装から都会から来たようにも思われた。

青年は、「クマ狩りに来て仲間とはぐれたので一晩泊めて欲しい」という。Mさんは電気をともし、ストーブに薪をくべてお茶を出した。物音に起きてきた息子が青年の背後に回りながら、突然激しく泣きだす。Mさんは息子を抱きかかえて「どうした、しっかりしろ！」となだめるが息子は気を失いそうになりながら、うわごとのように「こわいよう、こわいよう」と繰り返すばかりだった。

ふと、Mさんは青年が消えていることに気づいた。1時間後、正気を取り戻した息子が話すには、青年の背中に血だらけの女の顔が浮かびあがっていたのだという。翌早朝、村の駐在がやってきて、昨晩村で殺人事件があり、犯人が山に逃げ込んだと伝えた。Mさんが表に出てみたが、雪の上に青年の足跡はなく、犯人の足取りはその後もわからなかったという……。

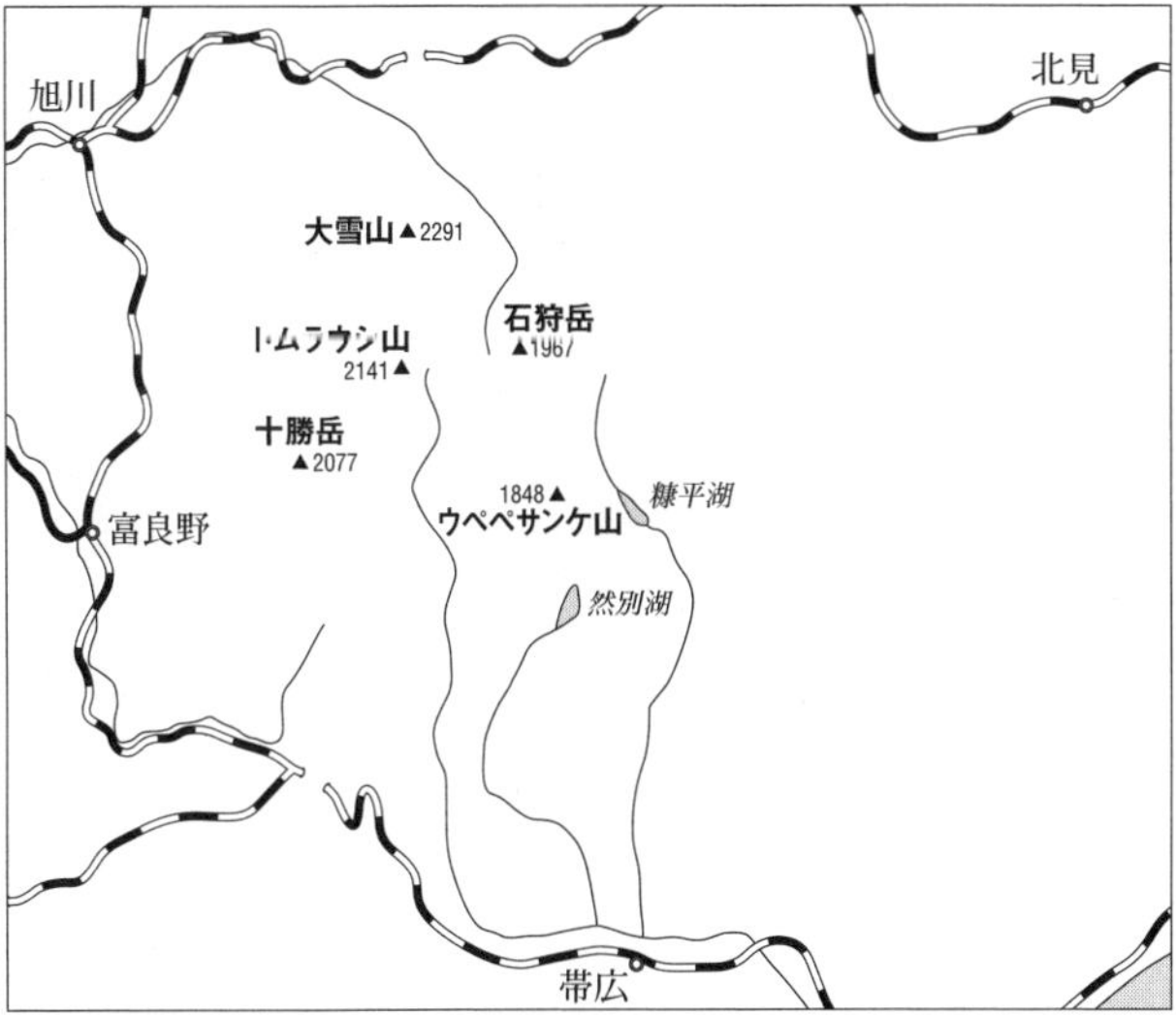
旭川
北見
大雪山 ▲2291
石狩岳
▲1967
トムラウシ山
2141▲
十勝岳
▲2077
1848▲
ウペペサンケ山
糠平湖
富良野
然別湖
帯広

第4章

謎の生きもの

世界の山岳地帯では、ヒマラヤの雪男に代表される正体不明の生きものが、頻繁に目撃されている。

森林の開発が進んで、生息地を失った多くの野生動物たちが絶滅に瀕している今日、一方では、まだ正体すらわからない怪動物も存在している。中国の「野人《やじん》」や「大脚怪《だいきゃっかい》」、北アメリカの「サスカッチ」、コーカサス山脈の「カプタル」、日本の「ツチノコ」などである。

国際宇宙ステーションで人類が宇宙に滞在する現在、未発見の動物などいるわけがない、と決めつけることはできない。シーラカンス、イリオモテヤマネコ、オカピに匹敵する大発見がないとは限らない。以前、中国の四川省のパンダが、ヤギを襲って食べたというニュースが報じられた。人気者のパンダの生態でさえ、実はまるでよくわかっていなかったというよい例だ。

このほか、すでに絶滅したとされているニホンオオカミ、ニホンカワウソ、九州のツキノワグマなども取り上げた。

山の怪物

中国の秘境に生息する謎の大脚怪

タクラマカン砂漠の南に連なる崑崙《こんろん》山脈の東部地域は、中国のなかでも秘境中の秘境として謎のベールに包まれたままだったが、１９８５年（昭和60）、ウルグ・ムスターグ（標高６９８５メートル）登山が中国・アメリカ合同で行なわれた。そしてこのとき、地元の遊牧民が「大脚怪」と呼んで恐れている獣人の存在が報告された（前出）。中国には古くから湖北省などで野人が目撃されているが、崑崙山脈にも獣人がいることが明らかになったのは初めて。

登山隊が、地元遊牧民から聞いた話では、ひどい風雪の日、１００メートル離れたところを人間のように直立して走る怪物を見たが、数分後には風雪のなかに消えた、という。また、２年前に石綿鉱夫が大脚怪の姿を目撃し、大きな足跡を見つけている。

身長は2メートル以上で、動きが敏捷だったという。

登山隊は10月10日、5850メートルの雪面にテントを張ったが、翌朝、テントのまわりに大脚怪の足跡がいっぱいあった。

同じ日、別の登山隊員が、月牙河畔の軟らかい地面に長さ61センチ、幅13～15センチ、歩幅190センチの大脚怪の足跡を発見した。別の場所で発見されたヒグマの足跡と比べ、明らかに異なっていた。

さらに、自然保護区管理所の2人の係官は、高度5300メートルの雪面に、長さ56センチ、幅15センチの大脚怪の足跡を発見している。

その後、この登山隊に参加した周正総顧問が1990年（平成2）に来日した。彼は旧北京登山学校の校長で、国家体育運動委員会の教授。5年前の登山隊に参加して以後、大脚怪の資料を探し求め、約2000年前の古文書『山海経《せんがいきょう》』のなかに「大脚怪」の記述を見つけ出したと語った。

1990年（平成2）夏、大脚怪探検隊が日本から出かけた。といっても、正式には産経新聞・中国科学探検協会合同の「東崑崙学術調査隊」だった。この調査隊は、発見して写真におさめることはできなかったが、貴重な目撃談を聞くことができた。

地元民の1人が2年前の8月16日の午後4時頃、500メートル先に黒い動物を見つけ、クマかと思ったが二本足で逃げだしたので大脚怪とわかり、車で1時間も追跡。身長は2メートル以上、体毛は20〜30センチで、走ると後ろになびいた。足跡は長さ70センチ、幅17センチだったという。

崑崙山脈は誰でも手軽に行ける地域ではなく、大脚怪の情報はまだまだ少ない。今後の大脚怪発見のニュースを期待したい。

ギアナ高地で遭遇した怪鳥

1985年（昭和60）、筆者はギアナ高地の秘峰ロライマに隊長として仲間4人と登山遠征し、頂上近くで深夜、巨人な怪鳥と遭遇。大きな羽ばたき音と恐ろしい啼《な》き声を聞いた。

3月5日。登攀開始から11日目。筆者と小野崎良行隊員は、約400メートルの断崖絶壁を攀じ登り、頂上台地まであと一息のところまで達し、登山も終局を迎えようとしていた。

この日は陽が沈んでからも行動していた。眼下に広がるジャングルはいつしか黒く染まり、雨も降りだした。たちまち土砂降りになり、全身ズブ濡れになる。ベースキャンプでのあの灼熱の暑さが嘘のように寒い。雨を避ける岩棚もないので、垂直の岩壁に深くえぐられた岩の溝を登りつづけていると、いつしか雨が止んで頭上に星がまたたいていた。突如、近くの岩棚から「バッサ、バッサ、バッサ」と大きな鳥が飛び出してびっくりする。つかんでいた手がかりをあぶなく放してしまうところだった。一瞬、鷲かと思った。

巨鳥は背後に去ったが、まもなくして戻ってきた。暗闇だが筆者に向かってくる。今度は威嚇するように頭上3メートルで羽ばたく風が頬に届いた。星空に透かしてみると、黒いシルエットの翼長は2メートルはあった。

不意に鳥が啼いた。

「カッキン、カキーン」

木の枝を折るような大きな音だった。生まれて初めて聞く、忘れられない恐ろしい声だった。筆者は、コナン・ドイルの『ロストワールド』に出てくる恐竜を想い出し、「まさか翼竜《よくりゅう》じゃ……?!」とつぶやいてしまった。

怪鳥は一声啼くとどこかへ去り、しばらくしてまた戻ってきて、すぐ近くで「カッキン、カキーン」と啼いて羽ばたいた。

筆者は唯一武器となりうる、ハーケンを打つために腰に下げていた先の尖った登攀

ギアナ高地ロライマの奇怪な山容

怪鳥の声が聞こえた
岩壁最上部

用ハンマーを握りしめ、岩のあいだに身を伏せて怪鳥の襲撃に備えた。このとき、止んでいた雨がふたたび強く降りだすと、怪鳥はどこかへ去ってしまった。

ところで、怪鳥の正体は何だったのだろうか。

ロライマの頂上台地が20億年もの長いあいだ下界と隔絶されてきたことを考えれば、恐竜はともかく、未知の動物がいたとしても不思議ではない。どなたか怪鳥の正体がわかる人はいないだろうか？

まぼろしのツチノコを捜す

日本で一番知られている謎の動物がツチノコだ。ビールビンのように太い胴と、ネズミのように細い尾と、ヘビのようなウロコ、マムシのような三角の頭をしている。体長は30〜80センチ、空中を2メートルも跳び、イビキをかき、前進と後進が自在というヘンテコリンな怪物だ。

呼び方もさまざまで、秋田県では「バチヘビ」、福島県では「ツチンボ」、新潟県では「ツツマムシ」、岐阜県では「ツチノコ（槌の子）」、和歌山県では「ツチンコ」、鹿児島県では「タワラヘビ」というそうだ。

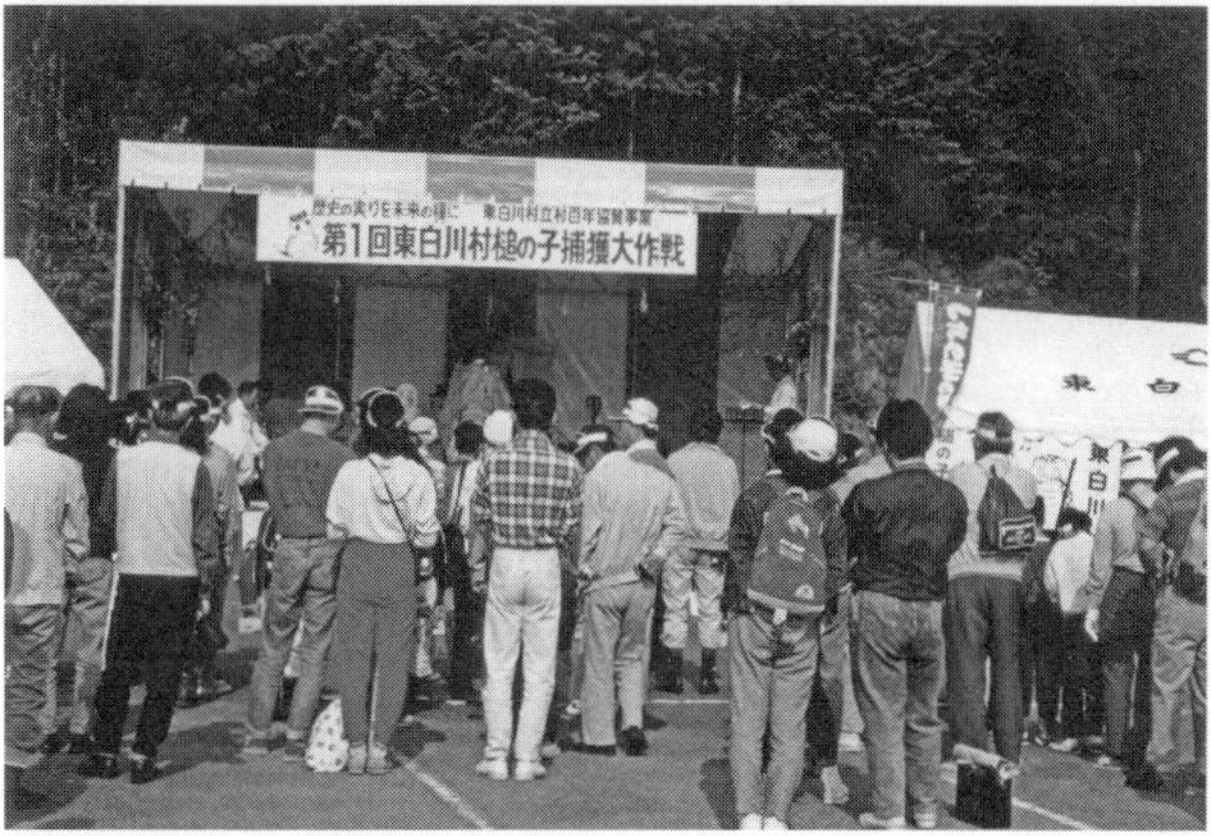

東白川村の「第１回槌の子捕獲大作戦」は、
前夜祭も本番も大賑わいとなった

北海道と沖縄を除く各地で頻繁に目撃されていて、ツチノコ捜しのグループも各地で捜索活動を展開しているという。『逃げろツチノコ』や『幻のツチノコを捕獲せよ』というツチノコの本も出版されている。

筆者が初めてツチノコの存在を知ったのは、1969（昭和44）年9月22日の「毎日新聞」に掲載された「大阪にもネス湖の興奮」「体長40センチの黒光り伝説の毒蛇」という見出しの記事を読んだときで、自然愛護連盟・ノータリンクラブの山本素石会長のツチノコ捕獲作戦を紹介していた。

これだけ大騒ぎをしていて、ツチノコの写真1枚、死骸1匹出てこないのはまことに不思議である。日本両棲爬虫類研究所の松井孝爾《こうじ》研究部長は著書のなかで、ツチノコが存在する可能性を否定できないとしながらも、ツチノコとマムシの分布地域が完全に一致していることから、マムシを見間違えたのではないか、と述べている。はたしてそうだろうか。目撃者のなかにはマムシを見慣れている人たちも少なくないのだ。

巳年の1989年（平成1）、ツチノコが頻繁に目撃されている広島県の上下町（現・府中市）、奈良県の下北山村、岐阜県の東白川村の3ヵ村で、それぞれ賞金をかけたツチノコ捜しのイベントが開かれた。賞金は生け捕り100～300万円。筆者も賞金欲しさに東白川村のイベントに参加して、ツチノコ捜しを体験してみた。

このイベントは東白川村の「槌の子探そう会」（会長・大坪信也）が発案し、正式名称は「全日本槌の子捕獲大作戦」。ゴールデンウィークということもあり、イベントには全国から３００人が集まって、村はツチノコ一色に染まった。村長も出席しての前夜祭は公民館で催され、ツチノコ捜しの当日は、村のヘビ捕り名人のあとをゾロゾロとつづき、ヤブのなかをガサガサと約2時間捜しまわったが、ツチノコはやっぱり見つからなかった。

ツチノコ捕獲作戦のあとは各種イベントが行なわれ、最後にツチノコ踊りとジャズの新曲「ツチノコ・コロコロ」が披露された。イベントに集まったマスコミは、テレビ局を含めて30社におよび、小学校の中庭の売店ではさまざまなみやげ品が販売されていた。「ツチノコ・絵ハガキ」「ツチノコ・テレホンカード」「ツチノコ・クッキー」「ツチノコ人形」「ツチノコ・パン」「ツチノコ・ダンゴ」「ツチノコTシャツ」「ツチノコ絵馬」「ツチノコ湯呑み」「ツチノコ・ハンカチ」「ツチノコ・ワッペン」「ツチノコ灰皿」「清酒・槌の子村」……ｅｔｃ。

なお、東白川村ではこの後も毎年、賞金付きの「つちのこフェスタ」を開催している。

黒部渓谷の正体不明の足跡と奇妙な声

三俣《みつまた》山荘や雲ノ平山荘など、北アルプスでいくつもの山小屋を開設した黒部のフロンティア伊藤正一さんが、黒部渓谷で正体不明の足跡を発見し、奇妙な声も聞いたことを雑誌や週刊誌に書いている。

1960年（昭和35）8月、伊藤さんは仲間4人と黒部川をさかのぼって黒部本流と岩苔小谷《いわごけこだに》との出合《であい》を右に渡り、砂地の河原に出た。「立岩」という名の奇岩が見えるところにさしかかったとき、足もとの砂の上に3本指の不思議な足跡を見つけた。伊藤さんは、これが猟師たちが言っているカッパの足跡だろうか？と思ったという。

この目撃談が広まると、週刊誌が「カッパの足跡か⁉」と大きく報道した。週刊誌の記者が足跡の写真を持って動物学者の意見を聞いてまわったところ、ほとんどの学者は「わからない」ということだった。なかには、「カモシカの奇形では……？」と答えた学者もいたという。

また伊藤さんは黒部渓谷で、猟師から不思議な言い伝えを聞いた。それは、山のなかで「オーイ」という声が聞こえたらそれはバケモノの呼び声で、こちらが「オーイ」と答えると、ふたたび「オーイ」と返事があり、声をかけあいながら不可思議な力に引き寄せられて、最後は行方不明になるというものだった。

伊藤さんは山のなかで「オーイ」という声を何度も聞いている。もちろん登山者が呼んでいることもあるが、絶対に人がいるハズがない場所から夕暮れ時によく聞かれ、二声三声つづき、音声は若い男性のものに似ていたという。

この怪声はたくさんの人も聞いていることから、錯覚や幻聴ではないようだが、その動物の正体はまだわかっていない。

カナダの獣人サスカッチ

カナダ北西部のブリティッシュ・コロンビア州からユーコン河流域にかけての山岳地帯では昔から、正体不明の獣人が目撃されている。地元のインディアンが「サスカッチ」と呼び、身長2〜3メートルの巨人で、全身に灰褐色の毛が生えているという。

サスカッチが生息する地方では、インディアンの親が子を叱るのに「おとなしくしないとサスカッチが来るよ」とおどかすそうだ。古老のインディアンによれば、サスカッチは白人が大勢やってくる前はよく見かけたが、最近ではめったに目撃されなくなったという。

巨人だから足も大きい。大きな足跡が残されることから、「ビッグフット」と白人は呼んでいる。

グレートペア湖とフォートネルソンの中間、ユーコン地方のある峡谷で、鉱山の試掘をしていた男の首なし死体が発見されたことがある。犯人は原住民だ、山に逃げ込んだ犯罪者だ、鉱山関係の仲間の仕業だ、グリズリーに喰われたんだ、などと騒がれ、調査のため飛行機が飛んだが、手がかりは得られなかった。

ただ、近くの雪の上に大きな足跡が点々とつづいているのが見つかったことから、犯人はサスカッチらしいという噂が流れた。

1905年（明治38）に、猟師の一団がハリソン湖の北200キロの山中でカリブー狩りをしていたときに、親子のサスカッチに遭遇した記録がバンクーバーの国立公文書館に残されている。

それによると——。

猟師たちは2人ずつのグループに分かれて猟をしていた。あるグループが、ブッシュのなかに灰褐色の毛で履われた動物を見つけて銃を発射した。するとその動物は突然二本足で立ち上がると、ものすごい形相で猟師を睨みつけて泣きわめいた。身長は1メートル60センチくらいで、人間ともサルとも異なる獣人だった。

カナディアン・ロッキー

銃弾はかすった程度だったが、盛んにわめき声を発していると、どこからともなく身の丈2メートル50センチもある獣人が現われ、急いで小さい獣人を抱きかかえた。

2人の猟師は恐怖にふるえながら、しばらく凝視していた。すると、巨人のほうは小さいほうの顔を見てなだめるような声を出し、猟師に対して怒りの表情を示した。それから小さいほうを引きずるようにしてブッシュのなかに消えていった。巨人の仕種には、母親らしいやさしさが感じられた。

2人の猟師は急いで仲間たちにこの獣人との遭遇を知らせたところ、インディアンがサスカッチと呼んでいる獣人だと教えた者がいた。皆、怖がって、追跡する者は1人もいなかったという。

カナダは広大な自然をかかえ、自然保護が世界でもっとも行き届いていることで知られている。かつてはインディアンと共存していたサスカッチたちも、今では山奥でひっそりと暮らしているに違いない。

中国で頻繁に目撃される野人

中国の山岳地帯で、人間でもサルでもない正体不明の動物「野人」が頻繁に目撃されている。

湖北省の、揚子江の北に連なる山岳地帯は、パンダや金糸猴《きんしこう》など珍獣の生息地としても知られている。その神農架山（標高3053メートル）一帯では、周辺の住民が野人と次々に遭遇。目撃者は数百人にものぼるという。

1974年（昭和49）7月、新華社は記者を神農架の森林地帯に派遣し、湖北省社会科学院歴史研究所の研究者たちと野人調査を実施。翌月、北京動物研究所も調査のため所員を派遣。2年後、中国科学院は、北京自然博物館、湖北自然博物館、武漢地質学院、北京科学教育映画撮影所および地方機関と共同で、調査隊を送り2ヵ月にわたる調査を行ない、その後もさまざまな組織や機関が毎年のように、野人についての学術討論会や考察研究会を行なった。

最初の報告を受けた中国科学院と湖北省人民政府は合同で、「奇異動物調査隊」を組織。延べ1万人を動員して野人の調査に乗りだした。第1回目の1977年（昭和52）の調査では、目撃者にオランウータンの写真を見せたところ、「よく似ているが野人のほうが毛が長かった」と答えたという。

その後も野人を捕えたというニュースは入っていないが、目撃者の話を総合すると、野人は標高1500メートル以上に棲《す》み、身長2メートル以上。体毛はサルよりも長くて赤黒く、二本足で歩行し、「チャー、チャー」と鳴き、口許はサルによく似ている。足の長さは約40センチ。残されていた体毛を調べたところ、霊長類のものとわかった。

数多くの目撃例には変わった報告もある。1947年(昭和22)のこと、神農架の羊角堂という村で、国民党の軍隊に徴用されていた男の証言。目の前に大きな8頭の野人が飛び出した。部隊はこれを30日間も追跡し、ついに野人を一軒家のなかに追い込み、この家を焼き払った。7頭は逃げてしまったが小さい1頭だけを捕え、村へ連れて帰った。野人は、全身に赤い毛が生え、サルのような顔で人間に似ていて、長い髪の毛は肩までかかっていた。兵隊たちは、野人が薬になると聞くと、切り刻んで各隊に配ってしまったという。

中国国家体育運動委員会の周正教授は、『中国の「野人」』という本のなかで、野人は古文献の『山海経』や『本草綱目《ほんぞうこうもく》』にも記述されていると紹介。野人の定義について、「全身を長い毛が覆っていて、両足で直立して歩く未知の類人動物」と断定している。理由は、中国にはゴリラやオランウータンなどの大型類人猿はいないので見間違うことはなく、クマはヒグマとツキノワグマが生息していて二本足で歩行できるものの距離は短く、早く歩くことができないからだという。また周教授は著書のなかで、これからすべきこととして、野人が目撃されている地域を保護区に指定することを提言している。

この野人の正体だが、ヒマラヤの雪男、北アメリカのサスカッチなどと同じく、50万年前に絶滅したとされるギガントピテクスの生き残り説が有力。雪男のように、足跡を見つけたのではなく、多くの人たちが遭遇していることから、生け捕りにされて正体が解明される日は遠くないかもしれない。

コーカサス山脈の謎の獣人カプタル

旧ソ連領のカスピ海と黒海をつらぬくコーカサス山脈（最高峰エルブルース標高5642メートル）では、あまり知られていないが「カプタル」と呼ばれる獣人が目撃されている。

1941年（昭和16）10月、ダゲスタンの山岳地帯でカラペチャン軍医中佐が、地元で「カプタル」と呼んでいる獣人を目撃している。

一見、人間のようでもあり、全身は暗褐色の柔毛に覆われ、頭の毛は肩まで垂れさがり、身長は約1・8メートル。顔には短い毛が生え、直立歩行し、まばたきをしないでジッと中佐を見つめていたという。

その後、旧ソ連の狩猟監督官ベ・カ・レオンチェフが夜、山中で焚火をしていて50～60メートルの距離に獣人を目撃。身長は2メートル以上もあり、全身、暗褐色の毛が生え、二本足で歩行していた。

このカプタルは山岳地帯の雪原の縁や氷河の近くに棲んでいて、ときどき山里に下りてきては、畑のトウモロコシを奪っていくという。

1959年（昭和34）8月には、これらの情報をもとに、キエフ大学のコーカサス民族調査隊がカプタル調査に出かけた。

山麓に住んでいるイブラギム・ガドジェフが調査隊に語ったところによると、彼は前年の夏、山のなかで不意に20メートル前方の岩陰から毛むくじゃらのカプタルが現われ、こちらを見て威嚇するように歯をむいて立ちはだかったという。

また、猟師のガムザトフ老人は、カプタルとは幾度も山のなかで遭ったことがあると語った。

このカプタルの正体を、当時の旧ソ連の学者たちは、アフリカ大陸で化石で発見された、50万年前まで生存していたとされる類人猿のアウストラロピテクスではないかと推定しているという。

謎の雪男

雪男の足跡写真を発表した登山家

エリック・シプトン、ジョン・ハント、フランシス・シドニィ・スマイス、ハロルド・ティルマン、ドン・ウィランス、クリス・ボニントン、ラインホルト・メスナー。彼らはいずれもイギリスやイタリアの著名な登山家ばかり。共通している点は、ヒマラヤの「雪男」の存在を広く知らしめるのに貢献してきたことだ。

雪男という名前の名付け親はイギリス人で、インドのダージリン在住の作家ヘンリー・ニューマンが1926年（昭和1）に現地語を英語に訳していて、「スノーマン（雪男）」と使ったのがはじまりといわれている。

一方、ヒマラヤ山麓で生活しているシェルパ族の人たちのあいだに、「イエティ」の伝説がある。イエティは2種類いて、「ミティ」と呼ぶ大きいほうの身長は2メートル以上、凶暴で、大きな動物を襲って食べる。「チュチ」と呼ぶ小さいほうは人間くらいの大きさでおとなしい。イエティは全身赤褐色の毛で覆われ、顔に毛はなく、頭部は尖っている。このイエティの尖った頭皮と伝えられているのが、ヒマラヤ山麓にあるラマ教のパンボチェ寺院などに今でも残されている。

この伝説上のイエティと雪男は、同じ動物だとされている。イエティは日本のカッパや天狗などの怪物と異なり、50万年前に絶滅したとされるギガントピテクスの生き残りの可能性が高いとする説もある。

正体不明の雪男の足跡は19世紀からときどきヒマラヤ山中で発見されてきたものの、あまり注目されることはなかった。雪男が世界中に知れ渡り、雪男ブームまで起こるキッカケをつくったのは、イギリス人のエリック・シプトンが1951年（昭和26）、アメリカの雑誌『ライフ』などに発表した雪男の足跡写真だった。

シプトンは当時エベレスト登山の第一人者で、チベットが鎖国し、代わってネパールが鎖国を解いたことから、ネパール側からのエベレスト登頂ルートを偵察していて雪男の足跡を発見したのだった。

11月8日。シプトンは仲間たちのパーティと分かれて、シェルパのセン・テンジンを同行し、ガウリサンカール峰（標高7146メートル）近くのメンルン氷河に入った。午後4時。膝まで潜る新雪の上を進むと、2人が進む方向に点々と足跡がつづいていた。はじめは別の隊員が通った跡かと思ったが、足跡のところに行ってみると、つい数時間前のものとわかった。仲間たちでないことは明白だった。

シプトンは、「じゃあ誰が?」と不思議に思ったが、テンジンは足跡の正体はイエティだと断言した。彼は2年前に、20メートルの至近距離でイエティと遭遇しているから間違いないと言った。

シプトンは半信半疑だったが、2人で足跡をたどって進むと、雪が少なくなり、氷河の上に新雪が2センチ積もっている場所でクッキリと足形が残っていた。足跡の長さ30センチ、横幅は13センチ。クレバスを跳び越えた箇所の太い拇指《おやゆび》は、滑らないように深くめりこんでいた。

やがて足跡は雪のないモレーン(氷河が運んだ岩くずの集積地帯)に消えていた。シプトンもテンジンも、ヒマラヤグマの足跡はよく知っている。明らかにクマとは違っていたので、シプトンは〈初めて雪男の存在を信じるようになった〉と自伝のなかで述べている。

このシプトンの足跡写真発表後、イギリスの「ディリー・メール」紙隊や日本の雪男探検隊などが続々とヒマラヤに繰り出していったものの、あまり成果はなかった。

こうして雪男の存在を世界に広めるのに一番貢献したのは動物学者ではなく登山家のシプトンということになり、さらには各国の登山家ということになる。

つまり、山麓を調査する雪男探検隊よりも、高所に滞在する登山隊のほうが雪男に遭遇する機会が多いことがわかる。これは、普段は森のなかで生息している雪男が、自分と同じ二本足で歩く登山隊が餌もない雪の山に登るのを見て、好奇心に駆りたてられてついて行き、5000～6000メートルの高所にまで出没するようになったのではあるまいか。だから、遭遇した登山家が襲われなかった理由も説明がつく。これらのことから、雪男は知能が高い未知の動物である可能性がきわめて高いと思われる。

雪男を近くで観察したポーランド陸軍中尉

第二次大戦下のヒマラヤで、昼日中、至近距離から雪男をじっくり観察したという稀有《けう》な人たちがいる。彼らは、ポーランドの陸軍中尉スラヴォミル・ラウイッツら5人。いずれも無実のスパイ容疑で旧ソ連の当局に逮捕されて流されたシベリアの強制収容所から脱走し、シベリア、モンゴル、ゴビ砂漠、チベット、ヒマラヤを越えてインドまで、1年間ひたすら歩きつづけてやっと自由の身になれた男たちだ。雪男との遭遇は、ヒマラヤを越えてインド到着目前の山中でだった。雪男とわかったのはずっと後で、当時は「未知のふしぎな動物」という認識だったらしい。

自由の身になったラウイッツは、戦後はイギリスで暮らした。その頃、「ディリー・メイル」紙の記者から雪男目撃の取材を受けたのが縁で、1956年(昭和31)に体験記を発表した。日本では『ゴビ砂漠を越えて』の題名で鳳映社から出版され、後に別の出版社から『脱出記』という題でも出版。10年ほど前には映画化もされた。

雪男との遭遇に戻ろう。ラウイッツたち一行は、ヒマラヤを越えて眼下にインドの大地が見えてきた雪の斜面を下降していた。はるか下方に2頭の動物が見え、近づいても逃げる様子がなく、30メートルの距離まで接近してびっくりした。2頭とも、身長は2メートル以上あり、全身赤みを帯びた茶色の毛むくじゃらで、二本足で立ち、クマとも類人猿とも違っていた。これから下ろうとする先にそいつがいるので5人は立ち去るのを2時間以上待ち、じっくり観察することができた。が、いつまでも去らないので仕方なく、2頭をよけて遠回りをして急峻な雪の斜面を下ったのだった。

ラウイッツは、著書のなかで次のように回想している。

〈一体、あれは何だろうか?　この疑問は幾年もの間私の脳裡から離れなかったが、

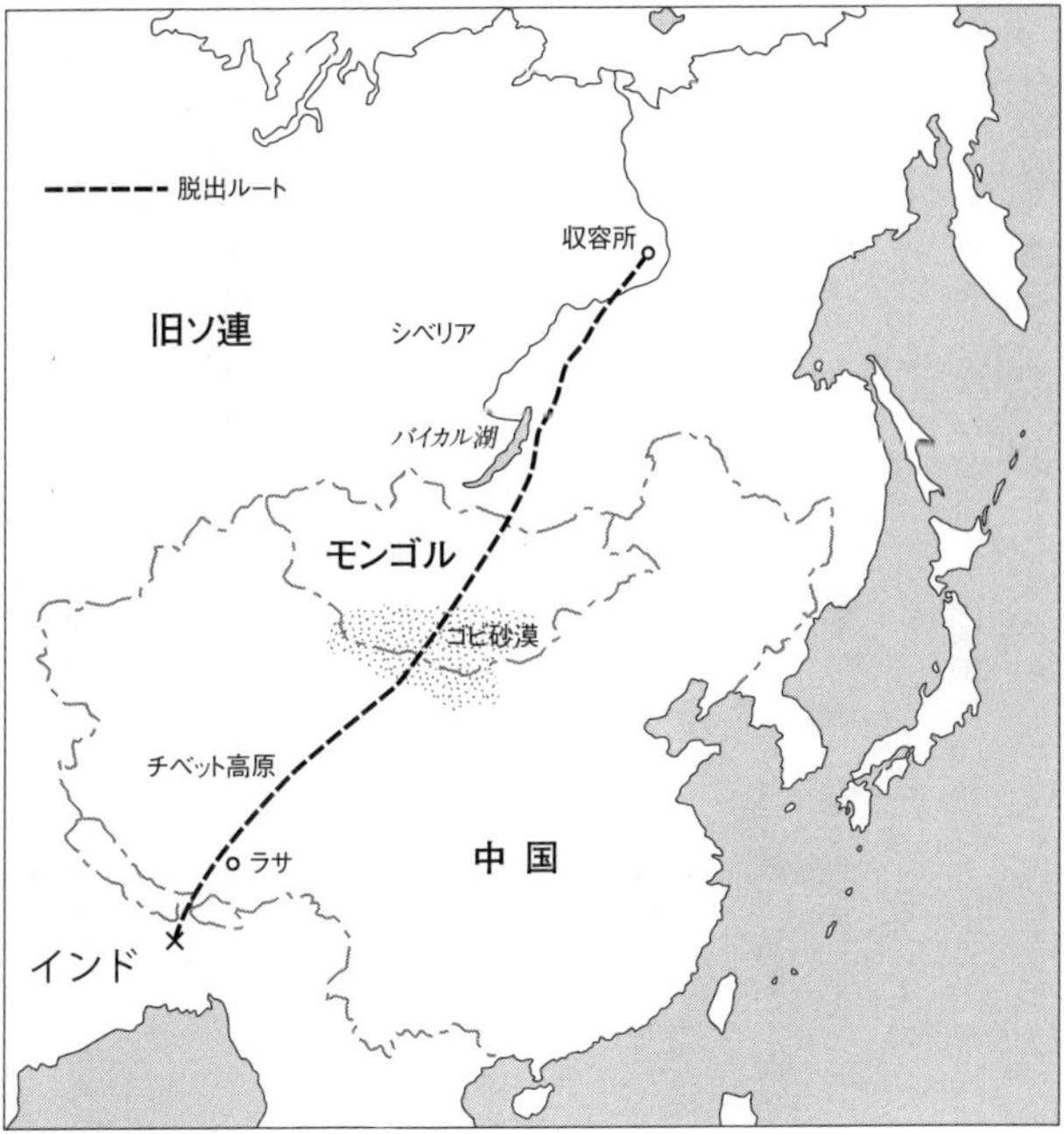
脱出ルート
収容所
旧ソ連
シベリア
バイカル湖
モンゴル
ゴビ砂漠
チベット高原
ラサ
中 国
インド

最近ある科学探偵団の報告書のなかに、ヒマラヤ山脈のなかで雪男の足跡を見たという記事があるのを知ったが、私たち5人がこの目ではっきり見たのが確かに雪男であるに違いあるまいと思っている〉（小野武雄・訳）

読者の皆さんはポーランド人たちが見た謎の動物の正体をどう思われるだろうか。

雪男を間近に目撃した日本の登山家

ヒマラヤの雪男情報の大部分は雪面に印された足跡だが、わずか15メートルの近距離から雪男を目撃した日本の登山家がいる。アルプスのマッターホルン北壁を日本人で初めて登攀した芳野満彦さんがその人だ。芳野さんは新田次郎の小説『栄光の岩壁』のモデルとしても知られている。

1971年（昭和46）春、ネパール・ヒマラヤのダウラギリⅣ峰（標高7661メートル）に隊長として遠征した芳野さんが、5月7日午後2時頃、第2キャンプ（標高5200メートル）にひとりでいるとき、テントから出て小便をしながら、ふとコーナボン谷を見下ろすと、小雪のなかを誰かが稜線に向かって這って登ってくる。

第2キャンプは稜線にあるので、はじめはシェルパだと思って「テンジン、何してる！」と声をかけたが返事はなく、荷物も担いでいない。

稜線まで登りきった〝男〟は二本足で立ち上がり、こちらを見たので、芳野さんはびっくりした。その〝男〟はクマでもサルでも人間でもなく、全身茶褐色の毛で覆われ、額が出っ張り、鼻が大きく、顔に毛はなく、頭髪は肩まで垂れ、身長は約1・3メートル。芳野さんとの距離は15メートルだったから見間違えることはなかった。

〝男〟は、しきりに首をかしげて不思議そうに芳野さんを見ている。

ふと、芳野さんは、これがもしかすると雪男ではないかと思い、テントに戻ってカメラを持ち出した。すると〝男〟はゆっくりと、登ってきたのと反対（北側）の斜面を二本足で下りていった。急いで3枚シャッターを切った（帰国後、現像してみると露出オーバーで全部失敗）。

芳野さんはテントに入ったが、戻ってきて襲われるのではないかと不安になった。外に出て足跡を調べてみると、長さは18センチ、幅10センチくらいだったという。

雪男をこのように至近距離で目撃した例はきわめて珍しく、写真撮影に失敗したことが惜しまれてならない。

奇抜な作戦の日本の雪男探検

ヒマラヤの雪男に魅了され、勤めていたテレビ局を辞めて自ら探検隊を組織、1971年（昭和46）から4回、延べ12ヵ月間もネパール・ヒマラヤの山中で雪男捜しをした人がいる。谷口正彦さんだ。

日本から雪男捜しに出かけた探検隊はいくつか数えられるが、谷口さん率いる探検隊には東北のマタギ衆も加わっているので、ちょっと思いつかないような奇抜な作戦で挑んだ。さすが元テレビマン、と感心してしまう作戦のいくつかを紹介してみる。

〈童謡作戦〉

雪男の知能がもし人間の2〜3歳程度なら、テープで童謡を聞かせれば、つい誘われて姿をあらわすはず。そこを岩陰に待機していてカメラで撮影する。

〈ニワトリ作戦〉

生きたニワトリを雪男の出没しそうな山のなかに運びあげ、ニワトリの足をヒモでゆわえ、そのヒモを、ニワトリが逃げられないように岩に結んでおく。お腹を空かした雪男が通りかかって食べる。それを岩陰からカメラで撮影する。

ネパール・ヒマラヤ、このどこかに……

〈シルバー・フォックス作戦〉

銀ギツネのように真っ白な白装束《しろしょうぞく》に身を固め、雪を保護色として雪男に接近するというもの。

〈ボンコ・マンチェ作戦〉

秋田のマタギが2人参加した第2回探検で、マタギの罠を10ヵ所に設置した（ボンコ・マンチェとは、ネパール語で〝森の人〟の意）。

このほか、手鏡をヒモで吊るしておき、雪男が鏡に映った自分の顔を見てビックリすることを狙ったり、幼児の風車のオモチャでおびき寄せる作戦なども試してみたという。

こんな奇抜な作戦は前代未聞だが、残念ながら肝心の雪男は発見できなかったようだ。

探検を終えた谷口さんは、次のような雪男像をつくってみたという。

【呼び名】

シェルパ族では「イェティ」。ネパールでは「ボンコ・マンチェ」。ブータンでは大きいほうを「ミグ」、小さいほうを「ミチ」。シッキムでは「ミグ」。チベットでは「カンミ」。これらのことから雪男は「山に棲む人」と解釈できるという。

【正体】

類人猿の一種で、それもかなり知能程度が高い。ただし、ヒグマが気になるという。ヒマラヤの山岳地帯の人たちがあまりヒグマを見たことがない場合、突然目の前にヒグマが現われたとき恐ろしさのあまり雪男と間違えることもあるし、ヒグマを知らない人が足跡を見て人間の足跡と間違えることがある、と、北海道の猟師から教えてもらったという。だが谷口さんはヒグマ説よりも、新種の類人猿説をとるそうだ。

もしも新種の類人猿だとすると、身長は1メートル40センチ前後で、食べ物はノネズミや昆虫、植物の芽など。棲家は発見されにくい断崖の洞穴。習慣は一夫一婦制で、家族単位でなわばりを持ち、徘徊癖（足跡をたくさん残している）があるとしている。

谷口さんは著書『まぼろしの雪男』の文庫版へのあとがきのなかで、〈……生を得て以来、これほど楽しく、これほど充実した日々をおくったことはない。今からもおそらく、こんな日は再び来ないように思う。勤めた会社を辞めて雪男を探しに行った。過不足のない会社だっただけに、やはりそれなりの踏ん切りが必要であった。あだおろそかに雪男探検をしているのでは申し訳がたたない〉と記している。それにしても何回も雪男探検にうつつを抜かす谷口さんを、文句も言わず送りだす奥さんとはどんな人か気になるところだが、実は人気作家の故・森村桂さん（後に離婚している）でした。

鈴木紀夫さんがつかんだ雪男の正体

１９７４年（昭和49）３月12日。祖国の敗戦も知らず、フィリピンのルバング島のジャングルのなかに30年近くも潜んでいた、元日本兵小野田寛郎さんが帰国して世界中をビックリさせた。この小野田さんと、ルバング島のジャングルのなかで日本人として最初の接触を成功させたのが、ひとりで世界中を旅行してまわっていた鈴木紀夫さんだった。

鈴木さんは、〝小野田さんフィーバー〟がおさまると、いつの間にかマスコミから名前が消え、長いあいだ沈黙を守ってきた。それが、１９８７年（昭和62）10月８日の新聞に、鈴木さんの名前が久々に載った。鈴木さんが〈ネパール・ヒマラヤの山中で、２人のシェルパと共に遺体で発見された〉という悲しいニュースだった。

どうして鈴木さんがヒマラヤに？　と多くの人は思ってしまうが、鈴木さんは小野田さん救出の翌年から雪男に興味を注いでいたらしく、すでに6回もヒマラヤに雪男捜しに出かけていたのだった。

最後となった6度目のヒマラヤ行きは、前年の9月に日本を発ち、ダウラギリⅣ峰の山麓にベースキャンプを設けてシェルパと雪男捜しを行なっていた。もし雪男を見つけることができたら世界初のビデオ撮影を、と狙っていたという。

ところが12月以降、家族への連絡が途絶えたため、安否が気遣われていた。そして3ヵ月後、家族から鈴木さんの捜索を依頼された登山家の山田昇さんと斉藤安平さんの2人が、3月26〜27日にわたりダウラギリⅣ峰のベースキャンプを捜索したところ、大規模な雪崩《なだれ》の爪跡を発見した。だが、遺体は見つからなかった。

その半年後、享子夫人と3人の登山家がふたたび捜索のため現地に行き、9月28日に、標高3700メートル付近で白骨化した鈴木さんの遺体とシェルパの遺体を発見した。

鈴木さんは、ルバング島で当時の厚生省の人たちが大勢で何回も試みた小野田さんとの接触を、たったひとりで成功させた異才。雪男捜しも、確たる正体の証拠をつかみ、鈴木さんならではの妙案を持っていたに違いない。だからこそ、鈴木さんはヒマラヤに駆りたてられたのだと考えられる。

鈴木さんの悲報で、わたしたちは「雪男」の姿をビデオで見るチャンスを失ったことになる。それにしても、志なかばで遭難されたことは惜しまれてならない。

日本の登山隊が持ち帰った雪男の体毛とフン

雪男について、もうひとつご紹介しておこう。

1974年（昭和49）に、インド・ヒマラヤのビハリジョット北峰（標高6294メートル）に遠征した長野県勤労者山岳連盟インド・ヒマラヤ登山隊の森田稲吉郎隊長らが、雪男のものと思われる足跡と体毛、フンなどを発見して持ち帰った。

登山隊は女性1人を含む5人で、その年の5月14日に日本を発ち、6月1日に標高4100メートル地点のカルナラにベースキャンプを設置して登山活動に入った。

2週間後の6月15日。ビハリジョット峰の5700メートル地点で、桃沢孝夫隊員が雪の上に残されている不思議な動物の足跡を発見した。シェルパに尋ねると、彼はおびえながら、

「この足跡は雪男《イエティ》だ。食べられてしまう、早く帰りたい」

と訴えた。

翌日、ふたたび同じ場所で桃沢隊員が調べてみると、足跡は数十メートルにわたってつづいており、足跡のサイズは長さ18センチ、幅12センチだった。足形ばかりでなく、手形も見つかり、こちらは長さ15センチ、幅9センチだった。ほかに体毛も見つかった。

登山隊は、頂上まであと少しのところで悪天候のため惜しくも失敗、下山をはじめた。途中、標高4136メートルの氷河湖のそばで、粘土質の地面にクッキリとした足跡とフンを発見し、足形を3個採取、フンも持ち帰った。

雪男のものらしい足跡の写真はたびたび発表されるものの、体毛やフン、足形まで採取して持ち帰った例は珍しく、鑑定の結果が注目された。

鑑定を依頼された兵庫医科大学生物学教室の朝日稔教授と、甲子園阪神パーク動物病院の赤木一成院長は、採取してきた足形には爪の痕が確認されたことから、ヒマラヤグマと断定した。フンは霊長類でないことが判明。体毛もクマに似ている、という記事が新聞に出た。

ヒマラヤグマ、という専門家の鑑定結果が出た以上、登山隊が持ち帰った足形やフンは、ヒマラヤグマに違いないと思う。

しかし、いくつかの疑問点が出てくる。

登山隊は5700メートルの雪の上と、氷河湖の近くの粘土質の土の上と、足跡を2回発見している。持ち帰ったのは氷河湖の近くのほうで、フンも一緒だった。持ち帰った足形とフンがヒマラヤグマだったからといって、5700メートル地点で発見した足跡も同じ動物のものとは限らない。

それに、ヒマラヤグマの足跡を見慣れているはずのシェルパが、雪男の足跡だと断定したことは注目してよい。

問題は、登山隊が5700メートルの地点で発見した、長さ10センチのブラウンの体毛だ。鑑定ではクマの毛に似ているとしている。

ネパールの僧院には「雪男の頭皮」といわれているものが保管されている。かつて、エベレスト初登頂者のヒラリー卿が、この頭皮をヨーロッパの専門家に鑑定をしてもらったところ、ヒマラヤカモシカの毛皮と断定されたことがあって、一般にはそう思われているが、日本雪男探検隊の小川鼎三《ていぞう》隊長は、この頭皮の毛を持ち帰って分析したところ、ヒマラヤカモシカではなく、類人猿のものによく似ているという結果が出ている。

さらに、イギリスの霊長類学者のO・ヒル博士は、雪男のものとされる頭皮の毛に

ネパール・ラマ寺院に保管されている雪男の頭皮（写真：萩原浩司）

ついていたダニが、ヒマラヤカモシカにはつかない種類であることを発表している。これらのことは、一般にはほとんど知られていない。

長野の登山隊が持ち帰った体毛は残念ながらヒマラヤグマだったが、将来、どこかの登山隊員が本物の雪男を発見してくれることを期待したい。

絶滅動物の謎

ニホンオオカミは発見されていた

かつては日本各地に生息していたニホンオオカミは、古くから「大口《おおぐち》の真神《まがみ》」「大《おお》神《かみ》」として崇められてきた。万葉集にも〈大口の真神の原に降る雪は、いたくな降りそ家もあらなくに（一六三六）〉とうたわれ、『逸文大和風土記』には〈むかし明日香の地に老狼在て、おほく人を食《くろ》ふ。土民畏《おそ》れて大口の真神といふ……〉と記されている。

1905年（明治38）10月23日、奈良県吉野郡東吉野村鷲家口《わしかぐち》で、大英博物館のアルコーム・アンダーソンが土地の猟師から譲り受けたのを最後に絶滅したとされてきた。この最後の一頭には当然家族がいて、それにグループで生息していたはず。ニホンオオカミは本当に絶滅してしまったのであろうか。

これまでたびたび目撃情報が報じられてきた。情報のなかにはつぎのような例もある。ずっと以前のことだが、「和歌山県田辺市の山奥で、絶滅したといわれるニホンオオカミに似た動物の死体が見つかった。体長は37センチ、尾の長さ13センチ、体重は1300グラム、毛は茶色で硬い。子供のオオカミではないか」と新聞に報じられたことがあるが、1ヵ月後、「専門家の鑑定の結果、タヌキと断定された」という続報が小さく載った。

1910年（明治43）頃、埼玉県秩父郡の長瀞《ながとろ》町で炭焼きをしていた吉田浜吉さんが、親オオカミが餌を獲りに出かけているあいだに巣に入り、仔オオカミを捕えて谷の入口に住んでいた大沢仁三郎さんに譲った。大沢さんの家では他の犬と一緒に育てたが、成長してから野性が表われ、手に負えなくなって猟師に頼んで殺してもらったという。

その後、吉田さんが捕えたオオカミの親オオカミがどうなったかはわからない。

動物研究家の斐太猪之介《ひだいのすけ》さんは18年間もニホンオオカミを捜し求めた末、1969年（昭和44）7月、ついに熊野山中、大峰山脈でニホンオオカミを目撃し、咆哮《ほうこう》を聞き、写真撮影にも成功したことを著書に書いている。

1968年（昭和43）9月、斐太さんは近くにオオカミ神社もある大峰山脈の釈迦

奥多摩「檜原村郷土資料館」に展示されていた
ニホンオオカミの骨

ヶ岳（標高1800メートル）から大日岳（標高1568メートル）への途中で、ニホンオオカミのフンと体毛を見つけた。フンのなかに、リスを食べたらしくリスの毛が混ざっていた。体毛も、和歌山大学にあるニホンオオカミの剝製と比較して間違いないと判明した。

12月。こんどは雪面に印された足跡を発見した。ニホンオオカミの特徴である指のあいだの水搔きがあり、足跡は長さ15センチで幅10センチ、歩幅95センチ。これらから推測して体長150センチの成獣であることもわかった。

足跡とフン発見から1年後、前鬼《ぜんき》尾根の谷で10月20日、斐太さんは初めて咆哮を聞いた。「ウォーウールルルルォーン」という14秒の長吠えだった。そして、暮れから新年にかけての冬、ついに2頭の写真撮影にも成功。色は灰色だったという。

このように、確かに生息している可能性はあるのだが、ニホンオオカミの生息を証明するためには写真撮影だけでは不充分で、捕獲してDNAを調べることが必要である。今のような自然環境の破壊がこれ以上進めば、たとえ生息していたとしても、近い将来、本当に絶滅してしまうのは明らかである。ニホンオオカミの追跡をつづけている研究者やNPOが、一日も早く発見し捕獲して保護されることを期待したい。

九州のツキノワグマは絶滅していない

野生動物の保護についてを決めるワシントン条約京都会議が開かれていた1992年（平成4）3月、北海道登別市の「のぼりべつクマ牧場」で95頭のヒグマが処分されていたことが明るみに出て論議を呼んだことがある。

近年、四国では絶滅のおそれがあるとされ、九州では1941年（昭和16）に祖母・傾《かたむき》山系の宮崎県側で捕獲されたのを最後に絶滅したといわれてきた。

九州のツキノワグマは、昔から神の使者として神聖な動物とされ、猟師たちはクマを1頭殺すたびに祟りを恐れて〝熊墓〟を建てて手厚く葬っている。大正時代、ある猟師が親子連れの親グマを射殺し、子グマを売ったが、その猟師はその後まもなく病死したという。売られた子グマは、大分県竹田市の宮砥《みやど》八幡宮の祭りに見世物として出されたが、祟りを恐れて見物人はいなかったという逸話もある。

だから、九州のクマは人の気配を感じるとすぐに逃げ去り、人間と出会うことはめったにない。本州に出没するクマのように、登山者に襲いかかることはないといわれている。

絶滅したとされてからも、九州のクマを捜し求めて研究をつづけている人たちは、大分、宮崎、熊本の県境に住む人たちから、クマの足跡やフン、樹木につけられた爪跡などを見たという情報を得ている。足跡や爪跡は主に、本谷山（標高1643メートル）から笠松山（標高1522メートル）、九折越《つづらごえ》、傾山（標高1605メートル）付近で多く見つかったという。

1987年（昭和62）11月24日、祖母・傾山系で、ハンターがイノシシと間違えてツキノワグマを射殺したというニュースが流れた。実に46年ぶりの九州のクマ発見に、環境庁が野生のクマか、それとも飼われていたクマか調査した結果、野生のものと断定された。射殺されたクマは約100キロのオスで4歳。幼かったことから、親グマを含め10～30頭あまりが生息している可能性があるとして、保護に乗り出すことになった。

この翌年からその次の年にかけ、傾山系の笠松山や本谷山などでクマのフンや足跡、新しい爪跡などが発見され、クマらしい動物も目撃されるようになったことから、宮崎県でも調査をはじめた。そして1991年（平成3）12月、環境庁（当時）は西日本でのクマの狩猟期間の短縮や、捕獲頭数を減らす規制案づくりに乗り出した。九州ではすでに大分、宮崎、熊本の各県でクマの狩猟は禁止されている。

九州では、山林の開発が進み、野生のクマが生息できるのはもはや祖母山系ただ1

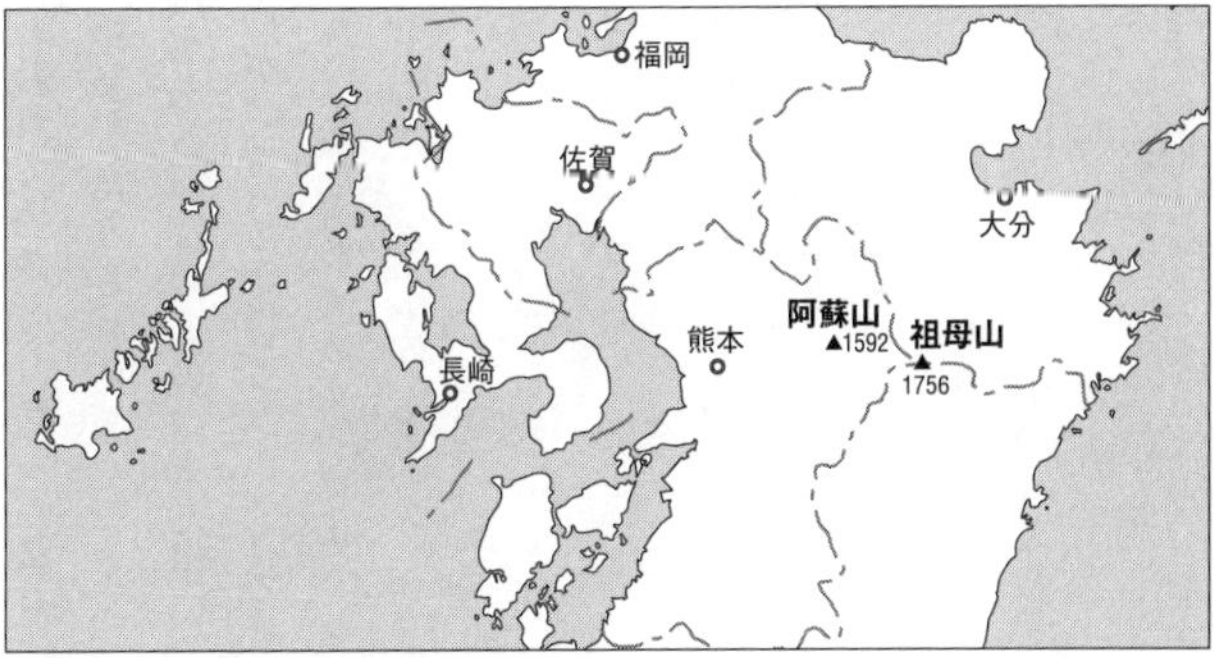
福岡
佐賀
大分
阿蘇山
▲1592
祖母山
▲1756
熊本
長崎

ヵ所しか残されていないといわれている。しかし、2010年（平成22）年に山梨県富士五湖のひとつ西湖《さいこ》で、絶滅したとされてきた「クニマス」の生息が確認されて「絶滅種」の指定が覆った例もある。諦めるのはまだ早い。

しかし、絶滅に向かう動物がいるのに対して、一方ではしたたかに日本で野生化して繁殖しつづけている動物もいる。南米産のヌートリアや台湾ザル、シベリアのミンク、東南アジアのハクビシンなどがそうである。

カッパの正体はニホンカワウソか

1992年（平成4）4月3日。日本テレビの『プラス1』という番組で、ニホンカワウソが取り上げられ、貴重な映像が映し出された。

明治の初めまで日本全国に生息していたニホンカワウソは、毛皮用として乱獲されて激減し、1964年（昭和39）に国の特別天然記念物に指定されて捕獲が禁止されたがすでに手遅れで、現在では四国の四万十《しまんと》川流域にわずか数頭が生息しているらしいといわれている。

ニホンカワウソはイタチ科の哺乳動物。体長は60～100センチ、体重は10キロ前後で、淡水に棲み、四肢に水掻きがあって、潜水がうまく、川ばかりでなく、海にも潜って魚を捕え、幼児なみの知恵もある。行動範囲は1日30キロにも及ぶが、太陽光線に弱く、伝説上のカッパの正体ともいわれている。

1989年(平成1)6月、北海道旭川市の神居古潭《かむいこたん》でカワウソの死体が発見された。死体は体長113センチ、体重8キロ、体毛の色はこげ茶色だった。まだ北海道に野生のニホンカワウソが生存していたのかとニュースになったが、旭川市立旭山動物園で鑑定した結果、野生ではなく飼育されていたカワウソとわかり、関係者をガッカリさせた。

また、わずかに生存の可能性が残されていた紀伊半島では、民間の自然保護グループ「奈良県野生生物保護委員会」が、紀伊半島各所にニホンカワウソの情報提供を求めるポスターを掲示してきたが、1989年(平成1)4月に、グループは紀伊半島におけるニホンカワウソの絶滅を宣言している。

生きたニホンカワウソが高知県須崎市の新荘川で、鍋島昭一さんによって最後に確認されたのは1979年(昭和54)で、この11年後に死体が見つかった後、一度も姿を見せていない。

1991年(平成3)、土佐清水市の海岸で、カワウソのものとみられる足跡が見つかったことから、高知県自然保護課では、生息地とみられる四万十川周辺に「WANTED」という情報提供を求めるポスターを配布したが発見できなかった。

このように、ニホンカワウソは絶滅に瀕《ひん》している。捕獲が禁止されてからも、このように急激に絶滅へと追いつめられたのは、生息地である河川の汚染や護岸工事などによって自然の環境が破壊されたことによる。いくら動物保護を訴えても、生息地が失われてはどうしようもない。さらに、日本全国に生息していたニホンカワウソの詳しい生態は、実はよくわかっていないらしい。詳しい生態もわからないまま絶滅させてしまうとしたら、これほど傲慢《ごうまん》なことはない。ニホンカワウソが幻の動物、伝説の動物として消えてしまうのは寂しい限りだ。

ところで、先に記したように、カッパの正体はカワウソではないかといわれている。カッパは、天狗や北欧に伝わる妖精トロールなどと同じく架空の生きものとされている。カッパと愛らしいカワウソは姿こそ全然似ていないが、その他の点では共通点も多い。カッパ伝説の場所もニホンカワウソの生息地も、海岸近くから山奥まで驚くほど広範囲にわたり、黒部渓谷や穂高にまで及ぶ。上高地の「河童橋」はよく知られている。

いにしえの人たちは神出鬼没で得体の知れないニホンカワウソに、カッパという生

ニホンカワウソの
情報提供を呼びかける
奈良県野生生物保護委員会のポスター

北欧に伝わる
妖精「トロール」

きもののイメージをダブらせたのかもしれない。

なお、2012年（平成24）8月、環境省は絶滅のおそれのある野生動物を調査した「レッドリスト」を見直し、ニホンカワウソを絶滅危惧種から「絶滅種」に指定する改訂が発表された。日本固有の不思議な野生動物が、動物園でしか見ることができなくなるのは寂しい限りである。

あとがき

世界の屋根ヒマラヤの最高峰エベレストの頂に人類が到達してからすでに60年以上経つ。かつては近づくことさえ難しかった世界各地の山岳地帯も、科学文明が発達した21世紀の今日では、あらゆる地域と場所に人間が踏み入り、開発の波が地の果てとされる辺境にまで浸透し、かけがえのない自然が危機に瀕しているといわれています。

しかし、このような、科学が万能の時代ではあっても、ときおりUFOがニュースになったり、超常現象が注目されたり、心霊スポットが話題になっています。そして、世界の山岳地帯には、私たちの知らない、常識を超えた不思議や謎がまだたくさん存在し、いまだに正体がつかめない未確認動物（UMA）が世界各地で跋扈《ばっこ》していることも事実です。

私が山登りをはじめて、かれこれ半世紀近くなります。現在はハイキングクラブの仲間たちと低山歩きを愉しんでいますが、これまで国内外の多くの山々に出かけてきました。その間、実際に不可思議な体験をしたことが何度もあります。そしていつの頃からか、山での不思議な出来事や事件に次第に強く興味を抱くようになり、それらに関する文献や新聞記事を調べるようになりました。それらを一冊にまとめたのが本書です。

本書は、1991年（平成3）に大陸書房から刊行した『山のふしぎと謎』をベースに加筆修正し、「死を呼ぶ山ミニヤ・コンカ」「ウペペサンケ山の怪異」「雪男を近くで観察したポーランド陸軍中尉」を今回あらたに書き加えました。

すでに発刊からかなりの年数が経っているため、本文の一部を削除したり書き加えたりしました。たとえば、ヒマラヤ登山史上もっとも有名なジョージ・マロリーの遭難遺体が75年後になってエベレストの山頂近くで発見されたことや、それまで「絶滅危惧種」に指定されていたニホンカワウソが「絶滅種」に変更されたことなどです。

日本では、奈良・平安の時代から山は信仰の対象とされ、修験者たちによって古くから登られてきました。剱岳《つるぎ》を例にとると、明治になってから剱岳の頂から錆《さ》びた鉄剣などが発見されたものの、誰がいつ登ったのかいまだ謎です。いにしえの人々は、山のなかで起こった解明できない不思議な現象や正体不明の怪物を「天狗倒し」や「猫又」など、山名や伝説として今に伝えています。また、自然の営みはときとしてコンクリート建ての宿舎を瞬時に消してしまう恐るべき力を秘めていることが、冬の黒部で実証されています。

一方、西洋の人々は、18世紀の後半まで、山には悪霊が棲むと恐れ、猟師や水晶採りのほか近づく者はいませんでした。1786年（天明6）8月、アルプスの最高峰モンブランが、山麓に住む医師のM・G・パカールと水晶採りのJ・バルマによって初登頂され、これがヨーロッパにおけるスポーツ登山の誕生とされています。以降、登山行為を純粋に楽しむという登山ブームが起こり、結果、死者続出の「魔の山」が生まれています。この近代登山は、イギリス人宣教師ウェストンらによって日本にも明治期に紹介され、今日にいたっています。

ヒマラヤに目を転じれば、山麓や高所に暮らす人々は、高峰の頂は神々が住む聖地として崇めています。そのためヒマラヤの高峰を「神々の座」と呼ぶこともあります。ヒマラヤ登山での遭難では、あたかも運命の糸に導かれるように自分と同じ名前の山に登り、そこで短すぎる生涯を終えた女性がいます。

ヒマラヤの怪動物といえば雪男です。いまでもときどき、各国から雪男探検隊が出かけていますが、いまだ捕獲されていません。1951年（昭和26）にエリック・シプトンが足跡写真を発表して世界中に雪男ブームが起こり、日本からも探検隊が組織されました。成果は足跡写真だけという多くの探検隊のなかで、きわめて貴重な雪男目撃に成功したのが1958年（昭和33）のアメリカ隊。5月12日の夜、隊員のバーンズ兄弟が、東ネパールのアル川の傍でカエルを食べているところを目撃。雪男の身長は1メートル20センチ。全身に黒く長い毛が生え、頭髪は長く垂れさがり、二本足で走り去ったそうです。これまで一度も捕獲されないのは、雪男の頭脳が発達している証拠だと目撃した隊員が報告しています。

中国の山岳地帯には、第二次大戦後になっても世界最高峰のエベレスト（チョモランマ）よりも高いと注目された山が存在します。このほか中国には怪動物「野人」が頻繁に目撃されていて、野人追跡のテレビ番組が日本で放映されたこともあります。そのほかに、世界各地の森のなかには、人間のように二本足で歩く謎の動物がたびたび出没しています。

かと思えば、南米のアンデス山中に飛行機が墜落。食べ物もない極寒の極限状況のなかで、72日間も生き抜いた16人の乗客たちの不思議な生命力は、私たちに「人間と命」ということを深く考えさせてくれます。

あらゆる情報が溢れている現代、読者の皆さんには本書に紹介した「山の不可思議」の数々を知ることによって、ともすれば忘れてしまいがちな素朴なロマンを呼び覚ましてみてはいかがでしょうか。おなじみの富士山でさえ、不思議と謎を秘めた山なのだということを納得していただければ幸いです。

なお、本書執筆にあたっては、多くの文献資料に目を通しました。主に書籍、機関誌、新聞記事等を参考にしたり引用させていただきました。本文中に誤りの箇所などありましたらご教示いただければ有難いです。

最後に、今回の発刊にあたり、ご協力いただいた山と溪谷社の勝峰富雄氏に深く感謝申し上げます。

2015年夏

上村信太郎

文庫版のためのあとがき

昨年の5月、上高地の嘉門治小屋で友人と食事をしているとき、ふと空を見上げた友人が「あれはなんだ！」と叫びました。見ると大空にとてつもなく巨大な七色の曲線が描かれていました。〈環水平アーク〉という虹でした。これは〈ブロッケンの妖怪〉や〈セントエルモの火〉などと同じく単なる大気光学現象の一種ですが、知らずに目撃した人はもしや不吉な予兆ではと不安を覚えるかもしれません。このように山には不可思議がいっぱいあります。しかし誰でも未知の物体、不可思議な現象、理解できない出来事に遭遇すれば恐怖を感じるものの、一方では好奇心が湧くものです。

食生態学者にして探検家の故西丸震哉さんは『山歩き山暮し』という著書に次のような不可思議な体験を載せています。

「……山奥の草原で幕営中に、夕暮れどき、すぐ横を見向きもせずに通過して行った完全な登山姿の男を見かけたあと、その場所がら、知らん顔をして通過というのは何としても正常ではない、と判断して追って行ったところが、どこにも姿がなくなってしまって、手分けをしてくまなく捜したのに、ついに正体が分らずに終わった……」また別のページで「……人間がまだ片りんさえも知り得ていない現象もこの世の中には充満している」と述べています。私もまったく同感です。

本書の執筆は28年前ですが、その後〈山の不可思議の世界〉に変化は特にみられません。すでに絶滅したとされたニホンオオカミ探索の新聞記事や、ヒマラヤの雪男探検のニュースがときたま報じられます。幻の蛇ツチノコも人気は健在のようですし、一攫千金《いっかくせんきん》を狙って今も埋蔵金発掘を続けている人もいます。

地球最後の秘境といわれたギアナ高地のロライマ山は、すでに日本の旅行会社が企画して秘境ツアーが実施されましたが、今なお謎に満ちています。かつて殺人峰と呼ばれたアイガーは、名峰マッターホルンとともに世界中から殺到した観光客に「あれが白いクモ?」などと言われながら写真に撮られています。

私が登山に熱中しはじめた頃と比べて、いまの登山者は山の本を読まなくなったといわれます。百名山登山やツアー登山隆盛の近年は、たしかにスマホひとつであらゆる情報をすばやく入手できる便利な時代です。反面、ページをのんびりめくりながら本をじっくり読む習慣は消えていきました。

ところが本年、未曾有《みぞう》のコロナ禍によりたくさんの人たちが山行や外出の自粛を余儀なくされました。そこで読者の皆さん、余った時間を利用して、こんなときこそ山の本をまとめて読んでみてはいかがでしょうか……。

今回、本書が文庫本になることで、山の不可思議現象や伝説、歴史に興味を持つ人がさらに増えてもらえるならとても嬉しいです。最後に今回の発刊にあたり、山と溪谷社の宇川静さんにはたいへんお世話になりました。紙上をかりて御礼申し上げます。

2020年10月20日

上村信太郎

解説　この世とあの世のマージナル領域、それが山である

三上丈晴

山というマージナル

歳のせいだろうか。最近、ふと死を思う。人は必ず死ぬ。どうせ死ぬならば、山にて。深山幽谷に分け入り、そこでひっそりと眠るように死ねたら最高だ。

都会の通勤ラッシュ、吊革につかまり、二日酔いの頭痛から気を紛らわすため、ふと夢想にふける。無機質な日常の対極に、山はある。アスファルトジャングルから見上げるビル群は、虚ろな目にはアルプスの白い峰に脳内変換される。

そう、ほしいのは非日常なのだ。

俗人に対して、仙人とは、よくいったものだ。山は神仙界である。ありていにいえば、まさにあの世だろうか。いや、違う。むしろ境界である。この世であって、かつ、あの世でもある。現実であり、非現実である。ふたつの世界が隣り合わせとなり、夢か現か、両者が混然一体となった皮膜に、この世ならざるものが映しだされる。

それが「山」だ。

東洋占術の易では上卦と下卦が、ともに山となった八卦を「艮為山《ごんいざん》」と表現する。「艮」は方位でいえば東北、すなわち鬼門である。十二支における丑と寅にあたり、それぞれ牛の角に虎のパンツで鬼の姿は描かれるのだとか。艮為山が鬼門たれば、まさに山は魔界に通じるゲイト。仏教でいう「山門」は、建築としての構造物以上に、山、そのものを意味しているのだ。

気取った言い方を許してもらえるなら、山は「マージナル」である。マージナルは常識が通用しない世界だ。ただし、非常識ではない。非常ではなく、超常である。超常現象が起こりうるトワイライトゾーンなのである。そこでは幽霊や妖怪、怪物、精霊から神々はもちろん、とうてい科学では計り知れない現象が次々と起こる。

はたして、これは現実か。幻覚なのか。科学的にあえりえない。山というマージナルで出くわす奇怪な現象を前に、世俗を捨てきれない登山者はうろたえ、自問する。が、もはや現実と非現実、科学と非科学、そして常識と非常識を超えた世界にあっては、問い自体が意味をもたない。

アウフヘーベンなる山

本書は深い。軽い筆致でつづられているが、エピソードの選択から、その背後にある研ぎ澄まされた山に対する視線は冷静を超えて、冷徹でもある。理由は、もちろん山の事件は、すべからく命に関わるものだからだ。ある意味、峻険なる山は、そこに挑んだクライマーの墓標だといっていいだろう。

彼らに対するレクイエムを不可思議事件簿という形で演奏している。お気づきだろうか。第1章の小見出しは、すべて「山の……」で、続く第2章では「……の山」とあり、さらに第3章では再び「山の……」となり、最後の第4章では「山の……」と「謎の……」、「……の謎」と締めくくる。

鎮魂歌のリズムだ。さりげなく視点を変えながら「山」を語り、かつ最後は「謎」に落とし込んでいく。「山の……」と「……の山」を繰り返し、突如、同じ構造で「謎の……」と「……の謎」を短く畳み込む。

いわば不思議議現象をテーマに山の属性を遠近法で描写しつつ、最後には「山」が何であるかさえも消滅し、気がつけば「謎」だけが残る。山に関するテーゼとアンチテーゼを繰り返しながら、その止揚たるアウフヘーベンが「謎」と来た。実に恐ろしい。

西洋人は、とかく山を「征服する」と表現する。本書でも言及されているように、西洋人にとって山は魔界であり、足を踏み入れてはならない領域とされてきた。対する東洋では神仙界と呼ばれ、神々が住まう聖なる世界とされてきた。

だが、それらは、いずれも二元論に立脚するテーゼとアンチテーゼでしかない。山の本質は魔界であり、かつ神仙界である。この世とあの世、ふたつの世界の境界であり、マージナルなのだ。山をアウフヘーベンできるのは西洋でもなく、かつ東洋でも異質な日本文化しかない。

日本の高僧、かの弘法大師空海は平安時代、唐へと赴き、恵果阿闍梨《けいかあじゃり》から真言密教の奥義を唯一、伝授されたことで知られる。帰国した空海は高野山を開いた。空海は当時、密教の奥義を象徴する曼荼羅《まんだら》を持ち帰り、金剛界曼荼羅と胎蔵曼荼羅として昇華した。

一見すると、陰陽道よろしく二元論に見えるが、さにあらず。弘法大師の名は「空海」である。「空」と「海」だ。ともに日本語では「アマ」と読む。アマを曼荼羅と読み替えれば、「空海」とは「両界曼荼羅」である。

しかし、弘法大師が開いたのは空でもなければ、海でもない。山である。金剛界曼荼羅と胎蔵曼荼羅というテーゼとアンチテーゼを道しるべに、そのアウフヘーベンなる奥義として開陳したのが高野山なのだ。

仏教では寺を山の名で呼ぶ。いわゆる「山号」である。でも、なぜ山なのか。仏教の発祥地がインドであり、そこにそびえるカイラス山を世界の中心、須弥山とする世界観が反映されているともいうが、はたして、それだけだろうか。

本書のアウフヘーベンは「謎」にあった。日本語の「言霊」で解釈すれば、謎とは「ナゾ」、すなわち「名素」のこと。名前の素を分析することを「謎を解く」という。ならば「山」なる名の素を解けば、自ずと答えは見えてくる。

山という命

空海の真言密教に対する最澄の天台密教では「山王一実神道《さんのういちじつしんとう》」がある。「山」と「王」の字は、ともに縦三本、横三本に「一」という字が重なっている。曰く、天台密教の瞑想法の理「一心三観」を具現化しているのだとか。

しかし、注目は「一」である。「いち」ではなく「ひとつ」。英語で「ワン」、中国語の「ワン」は「王」だという親父ギャグのひとつも飛ばしたいところだが、もといここに「ひとり」がある。漢字でいえば「人」である。

山の異体字「𡶜」にも「人」がある。あたかも、横から見た両界曼荼羅に挟まれた人がいる。

ここに山の本質がある。

結論からいおう。山に入るとは、永遠の哲学命題である「人間とは何か」を問うことである。必然、山を登らば「命とは何か」という問いを突きつけられることになる。まったくもって驚くべきことだが、これらの命題に対して、いまだ学問的な解答が出ていない。有史以来、ギリシア哲学の賢人はもちろん、現代思想の哲学者に至るまで、だれひとりとして「人間とは何か」という命題に対する答えを出していないのだ。だからといって、解答がないことは否定されている。解答はある。ゆえに、だれもが知ろうとする。生まれいずる悩みとは、突き詰めれば「人間とは何か」、もしくは「自己とは何か」「命とは何か」に行きつくのだ。とかく、あたかも答えを見出したかのように自説を展開する宗教家や思想家、はてはスピリチュアリストは、悲しいほどに迷宮をさまよっている。

無理もない。あえて命題の答えを真理というならば、真理は所有できない。山もしかり。とかくクライマーは「山を征服した」と表現するが、実におこがましい。征服したと思っているのは「自我」にすぎないのだ。

本書でも紹介されているイギリスの登山家ジョージ・H・L・マロリーの名言「そこに山があるからだ」については、いろいろ解釈があるだろう。ただ、人々の胸に突き刺さるのは「なぜエベレストに登るのか」という問いに対する答え以上に、そこに「人間とは何か」をという命題を感じるからではないだろうか。

山はいい。車窓から遠くの山影を眺めながら思い出す。ワンダーフォゲル部の楽しかった頃を。卒業以来、どっぷりと不可思議な世界、超常現象を追いかけてきた日々だったが、そろそろ真面目に山登りでも再開しようかな。

同郷の劇作家、かの寺山修司は「書を捨てよ、町へ出よう」と叫び、俗人となったが、本書を読んだ方に、僭越ながら、ご進言申し上げる。

「書を捨てよ、山へ出よう」

みかみ　たけはる　月刊「ムー」編集長。一九六八年、青森県弘前市生まれ。筑波大学自然学類卒業。二〇〇五年に同誌五代目編集長に就任。三神たけるという筆名で『失われた原始キリスト教徒「秦氏」の謎』（共著、学研プラス）など著書多数。

《参考文献》

『世界登攀史』E・ニュービイ／近藤信行訳（草思社）
『世界百名山』深田久弥（新潮社）
『ヒマラヤ登攀史』深田久弥（岩波新書）
『世界山岳百科事典』（山と溪谷社）
『エベレスト』安川茂雄（山と溪谷社）
『エヴェレストより高い山』J・クラカワー／森雄二訳（朝日文庫）
『わが冒険』W・ボナッティ／千種堅訳（白水社）
『山行』槇有恒（旺文社文庫）
『アルプス登攀記・下』ウィンパー／浦松佐美太郎訳（岩波文庫）
『ゴビ砂漠を越えて』S・ラウイッツ／小野武雄訳（鳳映社）
『雪男探検記』R・イザード／村木潤次郎訳（恒文社）
『雪男は向こうからやって来た』角幡唯介（集英社）
『まぼろしの雪男』谷口正彦（角川文庫）
『いのちの山』古川純一（二見書房）
『白いクモ』H・ハラー／横川文雄訳（二見書房）
『幻想のヒマラヤ』村井葵（中公文庫）

『未踏の山河』シプトン／大賀二郎・倉知敬訳（茗溪堂）
『ミニヤコンカ奇跡の生還』松田宏也／徳丸壮也（山と溪谷社）
『生と死のミニャ・コンガ』阿部幹雄（山と溪谷社）
『星と嵐』ガストン・レビュファ／近藤等訳（新潮文庫）
『北壁に死す』原武（山と溪谷社）
『謎の山アムネ・マチン』レナード・クラーク／水谷準訳（ベースボール・マガジン社）
『ヘミングウェイ短編集』ヘミングウェイ／谷口睦男訳（岩波文庫）
『崑崙の秘境探険記』周正／田村達弥訳（中公新書）
『中国の「野人」』周正／田村達弥訳（中公文庫）
『エヴェレスト初登頂の謎』ホルツェル、サルケルド／田中昌太郎訳（中央公論社）
『そして謎は残った』J・ヘムレブ他／海津正彦・高津幸枝訳（文藝春秋）
『ロストワールドをめざして』H・マキニス／長野きよみ訳（山洋社）
『日本百名山』深田久弥（新潮文庫）
『富士山』深田久彌（青木書店）
『谷川岳』瓜生卓造（中公新書）
『高熱隧道』吉村昭（新潮文庫）
『山岳遭難記1』春日俊吉（朋文堂）
『日本登山史』山崎安治（白水社）

『日本史探訪1』（角川文庫）
『自然読本・山』（河出書房新社）
『産報デラックス 99の謎 歴史シリーズ11』（サンポウジャーナル）
『サンデー毎日』1973年2月4日号
『現代の探険』第4号（山と溪谷社）
『週刊アニマルライフ』152号（日本メール・オーダー社）
『世界の秘境』第18集（双葉社）
『岳人』（東京新聞出版局）
『岩と雪』（山と溪谷社）
『山と溪谷』（山と溪谷社）
「東京新聞」記事
「毎日新聞」記事
「朝日新聞」記事
「読売新聞」記事

＊本作品は1991年に『山のふしぎと謎』として大陸書房より初刊行。その後、全面的に加筆・修正し、書き下ろしを加えて、2015年に『山の不可思議事件簿』として山と溪谷社より復刊されました。
＊本書は『山の不可思議事件簿』を底本としました。

上村信太郎（かみむら・しんたろう）

1945年、群馬県に生まれる。

78年カナディアン・ロッキー、79年ノルウェーのロムスダール渓谷、
85年ギアナ高地のロライマ山などで初登攀に成功。

82年ガルワール・ヒマラヤ遠征など海外登山多数。

おもな著書に、『20世紀の迷宮犯罪』（廣済堂出版）、

『エベレストで何が起きているか』『ヒマラヤ初登頂物語』（岡本まさあきとの共著）、

『知られざる富士山　秘話 逸話 不思議な話』（以上、山と溪谷社）などがある。

いわひばりアルパイン・クラブ創立。日本山岳会会員。

装丁＝高橋 潤
イラストレーション＝神田めぐみ
地図製作＝株式会社千秋社
編集＝単行本　遠藤裕美、勝峰富雄（山と溪谷社）
　　文庫　勝峰富雄、宇川 静（山と溪谷社）
本文ＤＴＰ＝藤田晋也

山の不可思議事件簿

二〇二〇年一二月一〇日　初版第一刷発行

著　者　上村信太郎
発行人　川崎深雪
発行所　株式会社　山と溪谷社
郵便番号　一〇一－〇〇五一
東京都千代田区神田神保町一丁目一〇五番地
https://www.yamakei.co.jp/

■乱丁・落丁のお問合せ先
山と溪谷社自動応答サービス　電話〇三－六八三七－五〇一八
受付時間／十時～十二時、十三時～十七時三十分（土日、祝日を除く）
■内容に関するお問合せ先
山と溪谷社　電話〇三－六七四四－一九〇〇（代表）
■書店・取次様からのお問合せ先
山と溪谷社受注センター　電話〇三－六七四四－一九一九
ファックス〇三－六七四四－一九二七

本文フォーマットデザイン　岡本一宣デザイン事務所
印刷・製本　株式会社暁印刷
定価はカバーに表示してあります

Printed in Japan ISBN978-4-635-04899-6

ヤマケイ文庫の山の本